校企协同人才培养探索
——广州大学酒店管理实验班案例

XIAOQI XIETONG RENCAI PEIYANG TANSUO
— GUANGZHOU DAXUE JIUDIAN GUANLI SHIYAN BAN ANLI —

陈平平　肇　博　吴水田　编著

HOTEL MANAGEMENT

重庆大学出版社

内容提要

本书以广州大学与铂涛集团、万豪国际集团共同开设的校企协同育人实验班——酒店管理实验班为研究案例,在校企协同育人相关理论研究的基础上,从筹备与协议签订、人才培养方案制订、企业课程大纲、教学组织、实践管理、培养成效等方面阐述了校企协同育人实验班的探索和实践过程,在学校与企业全过程合作、企业课程设计等方面形成了合作培养的特色,加快了中高级酒店管理人才的培养过程,是应用型人才培养模式改革的有效尝试。本书可作为本科院校旅游管理类专业的教材和参考书,也可以为相关专业开展实践教学提供参考。

图书在版编目(CIP)数据

校企协同人才培养探索 : 广州大学酒店管理实验班案例 / 陈平平,肇博,吴水田编著. -- 重庆 : 重庆大学出版社,2022.9
ISBN 978-7-5689-3126-7

Ⅰ.①校… Ⅱ.①陈… ②肇… ③吴… Ⅲ.①饭店—商业企业管理—人才培养—案例—广州 Ⅳ.①F726.92

中国版本图书馆 CIP 数据核字(2022)第 015068 号

校企协同人才培养探索
——广州大学酒店管理实验班案例
陈平平 肇 博 吴水田 编著
策划编辑:尚东亮

责任编辑:文 鹏 版式设计:尚东亮
责任校对:邹 忌 责任印制:张 策

*

重庆大学出版社出版发行
出版人:饶帮华
社址:重庆市沙坪坝区大学城西路 21 号
邮编:401331
电话:(023) 88617190 88617185(中小学)
传真:(023) 88617186 88617166
网址:http://www.cqup.com.cn
邮箱:fxk@ cqup.com.cn(营销中心)
全国新华书店经销
POD:重庆新生代彩印技术有限公司

*

开本:720mm×1020mm 1/16 印张:12.75 字数:190 千
2022 年 9 月第 1 版 2022 年 9 月第 1 次印刷
ISBN 978-7-5689-3126-7 定价:58.00 元

本书为 2019 年广东省本科高校教学质量与教学改革工程立项建设项目(重点专业)旅游管理、广州大学旅游管理国家一流本科专业建设点【教高厅函〔2019〕46 号】阶段成果。

编委会

作者简介

吴水田(1972—　)，男，广东陆丰人，副教授，主要研究方向为旅游管理、文化地理。邮箱：suidenn@gzhu.edu.cn。

肇博(1965—　)，女，辽宁人，副教授，主要研究方向为旅游管理。

陈平平(1973—　)，女，广东梅州人，副教授，主要研究方向为旅游管理。

前　言

　　为探索旅游管理人才培养的新模式,贯彻《教育部关于全面提高高等教育质量的若干意见》(2012)中关于"推进协同创新"的有关精神,广州大学在多个专业实施了校企协同人才培养模式。2015 年 5 月以来,广州大学与铂涛集团、万豪国际集团共同开设了校企合作共育人才实验班——酒店管理实验班。校企合作实验班是广州大学在建设高水平大学中实施应用型人才培养模式改革的新举措,该班实施"2+1+1"人才培养模式,前两年主要学习学校课程,第三年加入企业课程和实践,第四年校企合作课程和企业实践同步进行。2017 年 6 月,改革取得阶段性成果,第一届酒店管理实验班的学生顺利毕业并就业。经过不断完善,"2+1+1"人才培养模式实施至今且效果明显。

　　本书总结和梳理了酒店管理实验班的探索和实践过程,在企业课程设计、顶岗及轮岗实习方式、管理实习安排、人才培养目标等方面形成了合作特色,形成了"面向行业,需求导向;校企协同,机制创新;产学结合,强化实践"的人才培养理念,以提高实践能力和创新意识为重点制订人才培养方案,构建了与国内外知名酒店集团合作的多维立体化人才培养和实践教学体系。该体系解决了旅游管理专业职业经理人培养目标不能完全实现、在校期间不能开展管理岗位实习、集团及连锁经营管理能力培养缺位、创新训练与行业结合不紧密、教师实践能力培养与人才培养对接不紧密等问题,加快了高素质酒店职业经理人的培养过程。

　　本书可作为本科院校旅游管理类专业的教材和参考书,也可以为相关专业开展实践教学提供参考。

陈平平

2022 年 8 月 1 日于广州大学城

目　录

第1章 校企协同育人研究

　　1973年,德国著名理论物理学家赫尔曼·哈肯创立了协同理论。协同的结果是事物间属性互相增强,向着更为高级有序的趋势发展,使事物双方或多方获益,共同发展①。协同不同于一般的合作与组合,协同本身是一个过程,协同的生成要经历各要素从非协同关系走向协同关系的复杂过程。借用协同理论,广州大学旅游学院近几年来开展了校企协同育人实践,并在理论研究和实际操作中取得了一定成效。

1.1 校企协同育人实验班学生的身份认同②

　　在高水平大学建设过程中,培养未来行业精英成为人才培养模式改革的目标之一,校企协同育人实验班成为实现该目标的有益探索。针对相关研究在关注学生身份认同问题方面的不足,以广州大学酒店管理实验班(校企协同育人实验班,以下简称"实验班")为研究案例,探讨身份认同与培养目标的关系。实验班学生身份与"订单式"培养模式下的学生身份存在明显的差别,它以人才培养而非企业就业为目的。在实验班实施过程中,仪式与班级管理、企业介入、课程教学、实践教学等过程是强化身份认同的主要因素。职业发展引导和日常管

---

① 王新新."协同创新"的涵义、特征及发展路径研究[J].商业经济研究,2017(7):142-144.
② 本节内容发表于2018年第6期《软件导刊》,题目和内容有删改。

理是实验班学生身份构建和认同的重点,这对解决文科应用型专业发展定位问题具有现实意义。

1.1.1 实验班学生身份认同问题研究的必要性

高水平大学成为国内一些大学发展规划的主要目标。在高水平大学建设过程中,除了提升整体科研实力和服务社会能力之外,培养高端人才或者未来行业精英也应该是其主要内容。在此背景下,广州大学开展了校企协同育人实验班人才培养模式改革,实验班的定位和培养目标如何与高水平大学建设衔接成为值得探讨的课题。因此,本书以广州大学酒店管理实验班为研究案例,重点探讨实验班学生身份构建及认同问题。

1)旅游管理人才培养相关研究的不足

从人才培养模式的研究看,近十年来,关于旅游管理人才培养的研究主要集中在探讨人才培养模式本身,多从教育者的视角考虑问题,比较少关注学生个体,特别是关注个体身份角色及专业认同。如关于"订单式"人才培养,注重的是如何符合企业的需求①;还有的从培养方案设计视角讨论人才培养模式如何创新②,或者从核心能力培养等方面探讨培养模式③,或者探讨课程设计问题④,亦有一些是针对高职旅游管理专业人才培养模式的研究⑤,这些研究缺乏

---

① 刘晓燕,周伟伟."订单式"人才培养模式研究——以应用型本科旅游管理专业为例[J].中国高校科技,2015(Z1):60-61.

② 刘小蓓,陈世清,林轩东.高等农林院校旅游管理专业应用创新型人才培养思考[J].安徽农业科学,2011,39(8):4987-4989.张丹宇.高校旅游管理专业应用型创新人才培养模式[J].学术探索,2015(2):73-77.

③ 秦兆祥.旅游管理专业本科学生核心竞争力培养机制实证研究[J].内蒙古师范大学学报(教育科学版),2012,25(5):95-98.

④ 曹华盛,南海,杨永丰.我国旅游管理专业职教师资本科人才培养课程研究[J].教育理论与实践,2016,36(24):12-15.

⑤ 赵莹雪.基于4H培养目标的高职旅游管理专业人才培养模式改革[J].教育与职业,2014(32):120-122.张培培.高职旅游管理专业"岗证专一体化"人才培养模式构建——以河北旅游职业学院旅游管理系为例[J].山西师大学报(社会科学版),2014,41(S5):281-282.张颖."内外交替,全岗培养"的人才培养模式探索——以旅游管理专业为例[J].中国高校科技,2014(2):75-77.

对学生身份认同的关注,对其他学科理论的借鉴不足。

　　"身份"指在文化语境中人们对个人经历和社会地位的阐释和建构(Tajfel. H,1982),是自己怎样与别人区分开来的问题,认同则是个体或群体对身份的追寻、确认(Blunt A,Gruffud P,May J,2003),身份与认同是个人或社会群体定义"我是谁"的方式(Oppermann M,1999)。身份认同是个人对所属群体的角色及其特征的认可程度和接纳态度,身份认同在某种程度上等同于角色认同。梳理有关研究文献发现,对身份认同的研究主要集中于农民工、影视人物、移民及特殊群体的身份认同方面[①],以高校学生为研究对象的研究成果稀少,缺乏针对旅游人才培养困境提出解决措施的相关研究。

　　近十年来,国内相关研究主要集中在教师角色和身份认同方面,如关于教师教育者身份认同的建构和困境[②],或从身份认同角度探讨高校青年教师身份的困境和出路[③]。从受教育者视角的研究来看,主要成果集中在培养目标比较明确的行业院校,如从实证角度说明行业及院校校园环境对学生未来职业认同的影响[④]。从"身份认同"视角开展旅游管理人才培养的研究,目前的代表性成果仅见于白凯等关于旅游管理专业的学科认同的研究。白凯等采用量表开发与维度测量的方法,实证分析了专业学习、专业前景、专业意识、职业发展、专业投机、社会偏见、专业归属等七个学科认同维度,并认为专业学习、专业前景、专业意识为核心学科认同要素[⑤],这个结果对学生职业教育培养和引导等均具有参考价值,但是,关于此研究的后续措施,特别是旅游管理专业人才培养模式的

① 唐兴军,王可园.新生代农民工的身份认同困境探析——基于信任的视角[J].华中农业大学学报(社会科学版),2014,113(5):104-110. Liam Coakley. Racialised inequality, anti-racist strategies and the workings of the 'dialogical self': a case study in the shifting construction of migrant identity in Ireland[J]. Irish Journal of Sociology, 2014, 22(1):51-66.黄嘉玲,何深静.非洲裔移民在穗宗教场所地方感特征及其形成机制——基于广州石室圣心大教堂的实证研究[J].热带地理,2014,34(3):308-318.
② 刘洋.教师身份认同建构问题新探[J].教育理论与实践,2015,35(33):42-44.张立.教师教育者身份认同的困境与出路[J].教育理论与实践,2016,36(29):36-38.
③ 罗腊梅,刘毅.身份认同理论视域下高校青年教师身份解读[J].现代教育管理,2015(6):107-110.
④ 郭伟,姜威,李辉.我国行业院校校园环境对学生发展影响的实证研究——兼论身份认同的中介效应与遮掩效应[J].清华大学教育研究,2016,37(2):96-103.
⑤ 白凯,倪如臣,白丹.旅游管理专业的学科认同:量表开发与维度测量[J].旅游学刊,2012,27(5):41-48.

对应性措施,以及学生、学校、行业如何应对的具体措施,目前没有进一步的研究成果,尤其缺少针对目前国内高水平大学建设背景下的人才培养问题的研究成果。本项目申请者在本科酒店管理实验班的建设及实践过程中发现,"身份认同"问题在人才培养中极为重要,解决好这一问题将有力促进人才培养目标的实现,也可以完善旅游管理人才培养研究的不足。因此,解决高水平大学实验班学生"身份认同"问题符合高校人才培养改革的现实需求。

2)旅游业发展对高端人才的需求增加

从旅游业发展的现状看,近十年来,我国旅游业蓬勃发展,旅游业收入和吸纳就业人员规模持续攀高。根据国家旅游局公布的统计数据,2015 年,全国旅游业对 GDP 的直接贡献为 3.32 万亿元,旅游总收入增幅达 11%,远高于全国 GDP 的增幅;旅游业直接和间接就业的人数为 7 911 万人,占全国就业总人口的10.2%[①]。同期,全国旅游院校在校生 57.1 万人,毕业生 11 万多人,其中本科毕业生 46 888 人[②]。众达朴信的数据显示,近年来旅游行业主动离职率中位值达到 28.7%[③],远高于其他行业,而能留下来发展为高级别人才的数量有限。因此,结合高水平大学建设,如何培养能留在本行业内的未来高层次人才成为高水平大学需要面对的现实课题。本项目试图通过探讨实验班学生身份认同问题的解决途径来研究这一课题。

另外,广州大学旅游管理专业在建设实验班的过程中发现:要实现培养目标,实验班学生的身份认同问题尤为重要。酒店管理实验班是广州大学第一批校企协同育人实验班(实行独立教学班制),2015 年 7 月开班,开班第一年的跟踪调查发现,在该班 25 名学生中,有超过 70%的学生对自身的学习身份存在认同疑惑,学生普遍存在身份认同感缺失问题,探讨这种问题存在的原因,尤其是结合高水平大学建设过程中文科应用型专业发展定位问题很有现实意义。

---

① 中国国家旅游局.2015 年中国旅游业统计公报[EB/OL].(2016-10-18)[2017-09-01].
② 中国国家旅游局.2015 年全国旅游教育培训统计[EB/OL].(2016-06-07)[2017-09-01].
③ 众达朴信.2014—2015 年旅游行业薪酬调研报告[EB/OL].(2015-05-12)[2017-09-01].

1.1.2　实验班学生身份的构建和强化

1)实验班与"订单式"培养模式的区别

受酒店管理行业起薪低、劳动强度大、一线部门三班倒等因素的影响,旅游院校毕业生行业就业率普遍偏低,不仅无法满足酒店行业对高素质人才的需求,也造成旅游教育和人才培养的错位。为了解决这个问题,加快学生成长速度,把基层管理经验和锻炼提前,使学生毕业后有比较高的起点,提高初次就业的行业竞争力成为开展实验班改革的出发点,同时,更重要的是实验班学生的就业方向不局限于合作酒店,合作酒店需要依靠它的实力和影响吸纳实验班的毕业生。然而,目前国内的酒店大部分是与高职学校和中职学校合作实施"订单式"人才培养模式,可以提前利用的低价位人力资源成本和毕业后的人员补充成为"订单式"培养的驱动力。而广州大学的实验班模式则未必有较多的酒店接受,它需要酒店管理者也认可该模式。因此,接受该人才培养模式以及实验班学生的特殊身份成为高校和酒店需要共同考量的课题。铂涛集团与广州大学成立实验班的动因,既是基于以上考虑,也是企业发展的需要。铂涛集团在"7 天连锁酒店"的基础上于 2013 年成立,并发展了多个各具鲜明特色的酒店品牌以及跨界创新品牌,门店覆盖全国 300 多个城市,在 2018 年成为中国最大的酒店集团。同时,铂涛集团除了继续扩展更多品牌之外,还在长租和短租、休闲度假和休闲娱乐等领域有所突破。空前的发展速度导致对人才的需求增加,在此背景下,铂涛集团产生了开展校企合作共同培养行业未来精英的设想,与广州大学正在开展的人才培养模式改革思路不谋而合,广州大学酒店管理实验班应运而生。

2)实验班的成立

学生报名参加实验班,意味着实验班学生身份的确立。广州大学通过与铂涛集团人力资源部多轮沟通,于 2015 年 6 月决定共同举办酒店管理实验班。

双方达成共识后,首先制订了招生宣传方案、招生计划及录取方案。其次,学校通过多种渠道宣传实验班,由于时间很短,借用了铂涛集团在新媒体宣传方面的优势,除了印刷招贴画、宣传单张外,还制作了微信宣传版本,并在一周之内推送给了旅游管理专业近四百名学生。在微信宣传基础上,2015年5月,铂涛集团进校园开展宣讲,并接受现场初步报名,两天后,铂涛集团对报名学生进行在线考核,考试合格者一周内进行一对一面试,面试一周后确定最终入选名单。2015年6月,经过多轮考核,实验班录取了25名学生。在实验班的组班过程中,通过微信推送、宣讲、考试等方法,突出了培养未来酒店管理精英的目标,强化了被录取学生的身份认同,表明了实验班与一般班级的区别。

3)实验班学生身份的强化

其一,仪式与班级管理的强化。为强化实验班学生"未来职业经理人"身份,制造"优越感",实验班举行了隆重的开班仪式,除了合作双方领导出席外,还举行班级宣誓,并由人力资源总监开讲第一课。在班级管理、制度建设、课程制定及授课等方面体现了"开小灶""企业实施"的特点。如由企业和学校老师共同组成的导师组,对每位学生进行全程指导。导师组负责学生的学业指导,检查学习计划进展,指导学生开展技能实践、研究训练等。同时,导师组还负责加强学生的人生和思想引导,引导学生成为未来酒店管理精英。实验班成立初期的调查表明,有90%的学生对实验班的培养目标充满期待,对铂涛集团的投入预期值很高,对实验班学生的身份有优越感。

其二,企业介入的强化。建立校企合作管理中心(校企合作委员会),对实验班课程体系进行联合开发,对学生企业课程的学习和实践实施校企共同组织和管理;聘请企业管理人员任兼职教师,学生实践和毕业设计采用校企"双导师制"等系列管理新模式,为创新型人才培养提供了有效的机制支持。校企双方及早发现和汇集具有酒店管理志趣和潜能的学生,提供培养机会、实战训练并加速学生成长,共同培养具有国际化背景的未来酒店管理的高端创新型人才。

其三,课程教学中的强化。构建由基础课程、中级课程、高级课程三大模块构成的课程体系,通过授课强化学生"未来酒店管理精英"的发展方向。实验班的主要核心课程由铂涛集团中高层管理人员授课,并在企业和学校交叉开展,每次授课都强调问题导向和项目化。课程设置既强调学生基本职业技能的培养,又强调综合能力和创新能力的培养,更强化了实战型的实践教学环节。

其四,实践过程中的强化。实践教学由基础实践、技能实践、中级实践、高级实践等梯级实践体系组成,贯穿在四年培养期间,安排了中层管理人员指导的轮岗实习。通过实践,实现对学生由基本技能到创新能力的培养,并结合酒店管理影子计划、实际问题分析等灵活多样的方式,强化学生"未来酒店管理精英"身份的认同。

1.1.3　实验班学生"身份认同"问题的启示

1)要在日常管理中强化实验班学生的身份

角色认同理论认为,个体与社会结构的关系以角色认同为纽带,个体在角色认同中通过构建理想化自我概念而发挥能动性[①]。在高水平大学建设背景下,要突出实验班与一般专业班级的差别,以"企业资源利用"为核心增加实验班的吸引力。因此,在实验班的实施过程中,日常管理及专业课程学习是施加"身份认同"影响、开展人才培养的核心环节。要通过设立双导师制、建立企业化制度、企业模拟实践等手段,强化实验班学生对自身身份和培养目标的认识。其中,导师的设立可以按照部门和项目,结合学生毕业论文指派或遴选,为提高培养质量,每位导师负责的学生应该控制在五名以内。要建立班级日志和学生个人成长日志相结合的日常管理制度,日志的书写突出项目思考和企业经营问题导向,切忌写流水账。

2)在就业意向和职业发展中引导学生认同未来行业精英身份

与高水平大学建设衔接,结合学生毕业后从事研究领域、社会就业等多种

---

① 赵静,王莉萍.认同的三种理论取向概述[J].牡丹江大学学报,2009,18(12):98-100.

就业倾向,探索实施分类培养方式,通过高定位、高目标提高学生对实验班的身份认同。针对我国高校毕业生专业对口率逐年下降的现象,要重视和引导实验班学生的就业倾向,跟踪调查实验班学生与非实验班学生的行业就业比例和质量,探讨高水平大学建设对学生就业的影响。帮助学生分析成为未来行业精英的可能性,论证其未来发展方向与高水平大学人才培养的关系,在此基础上,不断强化实验班的培养目标,增加实验班的吸引力。

3)要正确对待实验班学生流失问题

受实验班实施质量和学生自身等多因素的影响,加上培养周期比较长,不可避免地存在学生脱离实验班的问题。广州大学酒店管理实验班开班仪式的在册人数为 25 人,经过第一阶段的学习和实习,有 9 人退出,实验班流失率达到 36%。究其原因,是第一阶段除了企业课程外,还安排了酒店多部门轮岗实习,这一阶段的实习以技能训练和解决酒店基层部门运营过程中的日常实际问题为主,体力和脑力付出都比较大。在实习过程中,学生对酒店管理有了比较深刻的认识,开始真正反思参加实验班的目的,也有部分学生是抱着体验的目的参加实验班的,故笔者认为,第一阶段的流失是正常的,这一阶段也是流失的最合适时间。经过第一阶段之后,实验班人数比较稳定,学生基本都坚持到毕业,而在毕业选择中,有 8 人参加了铂涛集团组织的内部招聘会、4 人留在铂涛集团就业,基本实现了学校人才培养与满足企业人才需求的预期目标。

另外,由于本书述及的实验班投入的课程开发等人力、物力、财力比较大,需要选择社会责任意识比较强的企业开展合作。一方面要分析合作企业的成长趋势,分析企业的人才需求规模和类型;另一方面,要突出培养未来中高级管理人才的目标。当然,实验班的学生来源也不一定局限于旅游相关专业,也可以考虑招收其他专业甚至理工类专业学生,还可与其他同类大学共同开展合作,最终达到利用企业资源提高高等院校人才培养质量,为社会输送高层次人才的培养目标。

1.2　校企协同育人国际合作的思考①

　　在我国经济和社会受全球化影响不断深入的背景下,培养国际化人才,不仅是高校办学理念与国际接轨的需要,也是用人单位的现实需求。随着我国出国留学生规模的增长,自费留学成为主流,但留学质量和国际合作成效等方面仍然有待提高。本节内容以广州大学旅游管理专业为案例,提出实施"国内外大学+国内外知名企业"多方参与的校企协同育人国际合作模式。

　　随着全球化进程的不断加快,国内在人才需求和人才培养的国际化要求方面也处于空前提高状态,国际化办学出现了多种多样的形式,对国际化办学的研究也随之展开。从有关国际合作的研究成果看,既有总体趋势、教学改革等理论性的研究②,也有具体专业和课程设计方面的研究③,还有关于交换生项目与国际合作项目的研究④;同时,国内一些高校提出了培养具有国际、国内竞争力一流创新型人才的目标,并通过举办"实验班"(也有的称试点班或创新班)的形式积极探索人才培养的新模式。在以校企合作及"创新班""实验班"为主题的相关研究中,主要内容集中在人才培养模式方面,并以生物、机电、计算机等理工科为主。在实践中,华南理工大学和五邑大学的校企协同育人实验班走在国内高校人才培养改革的前列,并成为研究案例。华南理工大学创新班强调"产、学、研"三位一体,以培养学生的创新能力为核心,认为创新班是培养学生

---

① 本节内容曾发表于 2017 年第 9 期《高教论坛》,内容有改动。
② 陆根书,康卉,闫妮.中外合作办学:现状、问题与发展对策[J].高等工程教育研究,2013,4:75-80.王卫平.试论我国高等教育中外合作办学的可持续发展[J].教育理论与实践,2013,33(28):28-31.
③ 李桂山,冯晨昱.中外合作办学背景下双语教学模式的建构——以天津理工大学国际工商学院为例[J].高等教育研究,2009,30(1):79-83.
④ 艾明江,位鸣玉.大陆青年学生在台湾的社会交往现状分析——基于大陆"交换生"群体的实证调查[J].台湾研究集刊,2014(2):40-47.

综合能力和实现社会生产力提升的创新模式①。纵观以上实践与研究发现,关于国际合作与校企合作紧密结合的实践与研究还非常薄弱,尤其是很多研究成果并不适用于本科层次人文学科应用型人才的培养。而笔者在实践中发现,解决合作单位的选取等问题,以及举办"国内外大学+国内外知名企业"校企合作实验班,是本科层次高校培养国际化应用型人才可行而有效的手段。本研究所指的"国内外大学"是指国内和国外的大学,"国内外知名企业"是指国际集团在中国国内管理的企业及其在合作大学所在国管理的企业,"国内外大学+国内外知名企业"校企合作实验班是前述国内外两所大学和国内外的企业多方参与的校企协同育人国际合作模式。

1.2.1 校企协同育人国际合作的必要性

1)人才国际化的要求

在全球化背景下,国际化已经成为教育发展的一种全球性趋势,它不仅是一种教育理想,而且是一种正在全球范围内展开的教育实践活动②。"教育国际化"是把国际的、跨文化的或全球层面的内容融入教育目的、职能或教学实施的过程,也可定义为"一个国家、一个教育系统、一个教育机构回应全球化趋势的具体政策或举措"③。我国出台的《国家中长期教育改革和发展规划纲要(2010—2020年)》对教育国际化做了具体描述,并指出要提高我国教育国际化水平,适应国家经济、社会对外开放的要求,培养大批具有国际视野、通晓国际规则,能够参与国际事务和国际竞争的国际化人才④。人才国际化对教育国际

---

① 王应密,程梦云,温馨,等.人才、学科、科研三位一体培养创新人才——华南理工大学高层次创新型人才培养模式的实践探索[J].中国高校科技,2013(4):13-17.
② 袁利平.关于教育国际化的真实内涵及其现实检视[J].西华师范大学学报(哲学社会科学版),2009(1):82-87.
③ 周满生.基础教育国际化的思考与实践探索[J].世界教育信息,2014,27(2):11-17,44.
④ 教育部.国家中长期教育改革和发展规划纲要(2010—2020年)[EB/OL].中华人民共和国教育部网站,(2010-07-29)[2017-05-20].

化的要求是不以人的意志为转移的客观趋势,与国外大学和国外企业多方合作协同培养学生是教育国际化最直接有效的手段。

2)增强就业竞争力的需要

长期以来,我国的高等教育一直存在和社会需求衔接通道不畅的问题。在就业市场:一方面是用人单位求贤若渴,招不到合适的人才;另一方面是高校毕业生找工作难,找不到合适的工作。这反映出目前高校培养的毕业生的质量与用人单位的要求之间存在着一定的差距。用人单位在考察毕业生时,不仅要考虑专业理论知识,还要评估工作能力、敬业精神、学习能力、沟通协调能力、解决问题的能力等[①]。笔者在近二十年的实践教学经历中发现,在酒店管理等我国对外开放较早的行业,企业对人才的国际化背景尤其重视。因此,在校企合作中开展国际合作,也是提高毕业生竞争力的重要举措。

3)学校发展的需要

为弥补我国高等教育办学资源的不足,缩小与发达国家的差距,扩大与国际高校之间的交流与合作,是增强高等教育实力的重要措施。通过加强与国外高水平大学和国际知名企业的合作,不仅可以利用多方力量实施人才培养,还可以在合作中引入课程、师资等多种教育资源,开展学术交流、企业案例转化为教学内容、应用研究等合作,在合作与学习中增强学校的竞争力。

1.2.2　校企协同育人国际合作的可行性

1)随着社会经济的发展,出国留学人数逐年增加

近四十年来,中国的经济及综合实力得到长足发展,人民生活水平发生了巨大改变。中国历来具有尊师重教的社会传统,教育在家庭中的支出占比越来越高,居民可支配收入的增长促进了出国留学市场的发展。笔者不完全统计,

---

① 张叶栩,付桂彦,潘蕾.高等院校职业化教育探讨[J].教育教学论坛,2015(7):201-202.

国内本科高校学生选择在校期间或毕业后出国留学的比例呈逐年增加的趋势，一些知名高校的比例都超过 10%，清华大学、北京大学、同济大学等大学甚至超过 20%①。教育部统计数据显示，2013 年中国出国留学总人数为 41.39 万人，比 2012 年增长了 3.58%，2014 年中国出国留学人员为 45.98 万人，较 2013 年增加了 4.59 万人，增长约 11%。2015 年中国出国留学人员总数高达 52.37 万人，同比增长 13.9%②，预计未来几年出国留学人数还将持续增长。

出国留学结构发生了变化，1978—1982 年，我国留学群体以公派学者为主，进入 20 世纪 90 年代后，自费留学人数逐年上升并超过公费留学规模。2005 年后，我国自费留学人数在出国留学人数中的占比已经超过 90%。2015 年出国留学人数中，国家和单位公派人数为 4.19 万人，自费留学人数高达 48.18 万人，占全部出国留学人数的 92%③。同时，走出国门的学生质量不断提升，学生在选择专业时越来越多地考虑到了未来职业发展的需要，出国留学不再单纯以获得文凭为出发点，而是更多地以增长真才实学为目标。

2）留学政策更加开放，中介机构的专业服务日益成熟

中国目前已成为留学生最大输出国。为了吸引更多中国生源，近年来，不少国家在签证等政策上放宽了对中国学生出国留学的要求。如签证担保金总额、签证担保金的历史证明、出资人收入证明等曾经是困扰留学加拿大中国学生及家长的"三大难题"，2016 年 4 月，加拿大移民部发布了签证申请新规定，"三大难题"全部解决。澳大利亚等国家也推出了简化签证、降低移民条件等多种政策。同时，随着留学人数的逐年增加，我国的留学中介、咨询等服务机构也应运而生。留学中介行业从 20 世纪 90 年代发端以来，经过二十多年的发展，已经成为一个庞大的产业群体。有关数据显示，84.85%的学生在留学申请时选

---

① 宋金绪.10 大出国留学人数最多的高校浮出水面[N].南方都市报，2015-12-19（GS15）.
② 中国教育在线，教育优选.《2016 中国出国留学发展趋势报告》发布[EB/OL].千龙网，（2016-11-02）[2017-05-20].
③ 智研咨询.2017—2022 年中国留学中介市场深度调查及行业前景预测报告[EB/OL].产业信息网，（2016-11-09）[2017-05-20].

择了留学中介机构服务①。虽然我国留学中介服务的整体满意度并不高,但总体而言,在经过初期的无序、不规范发展后,通过国家一系列的整顿和行业自律,留学中介行业逐步规范并步入健康发展的轨道,并出现与院校合作的多种形式。这些新模式为进一步的国际合作提供了广阔的空间,已经超越一般的个体自费出国留学的范畴。

1.2.3　校企协同育人中实施国际合作的思考

在校企协同育人中,广州大学旅游管理专业实施的"国内外大学+国内外知名企业"国际合作模式具有一定的创新和借鉴意义。广州大学旅游管理专业早在二十多年前就和美国万豪国际集团(以下简称"万豪集团")管理的广州中国大酒店开展合作,自此与万豪集团的合作从未间断。近年来,该专业通过与美国圣地亚哥大学开展国际合作,输送高年级学生前往该大学学习和美国酒店实习合计一年,学生出国前就经该大学联系确定了万豪集团旗下的美国酒店实习岗位。由于曾有在中国大酒店、正佳万豪酒店等实习的经历,学生不仅录取概率比较高,而且在美国的学习、实习表现都比较优秀。该专业还在这一合作过程中,与万豪集团开展师资培养、教学资源建设、酒店管理人才培养等合作项目,并共同在广州大学成立了以培养职业经理人为目标的实验班。总结该专业的国际合作过程,以下几个方面具有借鉴意义。

1)关于合作单位的选取

要选取条件较好的国外合作院校。在中外合作办学过程中,以文凭的获得为终极目标的学生占绝大多数。广州大学在选择合作院校时把重心放在双方共同提升教育质量上,将合作的目的确定为提高被教育者的学识而非获得某种文凭或证书。该专业选取的美国圣地亚哥大学是州立大学,具有较好的声誉,更关键的是,该大学与当地企业具有良好的关系,学生在学习的同时还能获得

---

① 马丹.2016 中国留学人数首破 50 万,成第一大国际生源国[N].新民晚报,2016-05-05(3).

该大学为学生提供的在国外知名企业实习的机会,这与旅游管理专业重视实践能力的培养目标一致。

要选取具有国际化背景的合作企业。本科院校在选择企业进行校企合作时,应该把握好以下几点:一是要考虑品牌,选择在行业声誉较好,实力比较雄厚的国际知名企业。广州大学选取的合作企业万豪集团是世界排名前列的酒店管理机构,旗下拥有诸多著名酒店品牌。二是以文化为先导,选择文化理念与合作办学思路相吻合的合作企业。除了关注企业是否有公益心、正义感以外,还需解决国内外文化冲突问题。万豪集团注重与高校合作开展酒店人才培养,万豪家族成立的基金会是一个以回馈社会为主要目的的机构,万豪基金会资助的慈善项目"万礼豪程"专门为帮助中国旅游教育事业而设立,旨在提高中国酒店业的教育水平。因此,合作有比较好的社会责任基础。三是以学校为主导,企业能配合学校共同开展合作的内容设计。

要选取具有良好信誉的合作中介。由于人员编制等问题的限制,选择质量可靠的留学中介参与合作事务,特别是选择与国外合作院校具有多年合作关系的留学中介,可大大减少国外大学与企业沟通过程中诸多事务性问题的困扰。随着留学机构的发展,有些国内留学中介已逐渐取得一些世界著名大学在国内的招生代理权,有些国外院校直接在国内代理中介处设置招生评估、项目推广办公室,或设立校方代表等。尤其是有校方代表的中介,由于对学校比较了解,与其合作将省去很多中间环节,减少沟通成本,可信任度较高。

2)关于合作地区的选择

针对已进入大学学习了一段时间并有明确职业方向的学生,首先结合专业选择发达国家经济发达地区的院校。如英国、美国、加拿大、澳大利亚等发达国家,能为各国留学生提供较好的学习、研究、生活条件,其教育水平往往也居于前列。另外,需要结合专业综合考虑,如英国的传媒、会计、翻译、会展管理专业属于教育强项,意大利的优势专业是艺术,日本在动漫、工业等方面的领先地位比较明显。其次,大学生一般都有比较好的英语基础,英语又是国际通用语言,如果选择英语系国家和地区,无须再花额外的时间和精力去学习新的语言。除英国、美国等国家外,瑞典、芬兰、丹麦、挪威、荷兰等欧洲国家虽然母语是本国语言,但也是实施全民英语教育的国家,因此,不论是适应环境还是学习效果,英语系发达国家和地区都是较理想的留学目的地。此外,也可根据学校实际选择非英语国家开展国际合作项目。

3)关于学生费用的考量

学费是高校开展对外合作的核心问题之一。2016 年,FAIRFX(旅行货币兑换公司)根据《泰晤士报》发布的世界大学排名,以学费和生活费为统计指标,公布了全球留学费用最高和最低的国家和地区[①],留学澳大利亚的费用最高,一年大约需要 2.727 7 万英镑;新加坡留学费用排第二,一年留学费用需要 2.556 6 万英镑;美国留学费用居全球第四,一年花费 2.359 2 万英镑;英国留学一年大概需要 2.1 万英镑,仅次于美国。实际上,有时留学费用并没有统计数字中的那么高,如美国有 3 600 多所大学,分布在不同州,学费和生活费也千差万别,州立大学学费在 1 万~2.5 万美元,私立大学在 2 万~4 万美元。如果学习优秀,还可以申请奖学金,能减少很大一部分留学费用。另外,如果可以同时到这些国家的企业开展实习,留学生的支出费用基本可以解决,广州大学即属于这种情况。经济费用不再是学生出国学习的主要障碍,与国外大学和企业开展协同育人就有了顺利实施的基础。

1.3　本科院校校企协同育人实验班的问题与对策[②]

本节以广州大学酒店管理实验班为例,探讨本科院校在校企协同育人过程中存在的问题及对策。

---

① 2016 各国留学费用排名,附英美加澳留学费用一览表[EB/OL].搜狐网,(2015-10-14)[2017-05-20].
② 本节内容发表于《科教导刊》,2018 年第 9 期,作者是肇博、何奕霏、陈平平,内容有删改。

1.3.1 校企协同育人实验班产生的时代背景

1)校企合作教育的产生

校企合作教育是一种以培养学生的全面素质、综合能力和就业竞争力为重点,利用学校和企业两种不同的教育环境和教育资源,采用课堂教学与学生参加实际工作有机结合的方式培养适合用人单位需要的具有全面素质和创新能力、工程实践能力人才的教育模式。校企合作教育在国外一直广受重视,已有近百年历史,目前,随着社会的不断发展和进步,校企合作教育在形式、内容和方法、层次等方面都在积极拓展,呈现不断变化的特征[①]。

我国的校企合作教育从 20 世纪 80 年代开始起步,近几年,随着市场对高素质人才需求的不断增强,校企合作不断走向深入,许多高校在校企合作协同培养人才方面进行了积极探索与实践,取得了明显成效。

2)校企合作酒店管理实验班产生的背景

随着经济的全球化发展,大量国际酒店集团进入中国,不仅带来了对酒店专业人才的旺盛需求,而且也给我国酒店的管理体制和管理方式带来了深刻的变化。与此同时,当前我国普通本科高校酒店管理专业人才培养模式明显与酒店企业、酒店集团的管理实践脱节,培养的人才存在职业素养不高、岗位适应能力不强、就业困难等问题,尚不能契合和满足当前国际化酒店管理人才的需求,致使目前酒店行业人才持续呈现出高级专业人才结构性短缺的现状,尤其是"能设计、会实操、懂管理"的中高层酒店管理人才十分匮乏,因此,改革普通本科高校原有的人才培养模式,积极利用国际著名酒店集团优质资源,弥补院校与行业和企业脱节的不足,探求校企协同育人新途径,以缓解院校人才培养与酒店行业对国际化、高端人才的需求"错位"之矛盾。

---

① 王素君,吕文浩,刘阳.校企协同育人的机制和模式研究[J].现代教育管理,2015(2):57-60.

1.3.2　校企合作协同育人实践中存在的问题

据麦可斯权威报告(2016),酒店管理专业本科毕业生相比高职毕业生在就业渠道、工资水平、未来成长性等方面并没有形成应有的优势①。由于近年来高职院校酒店管理专业改革力度加大,纷纷与酒店企业合作进行"订单式"培养,培养了大批应用型、技能型人才,但是面对酒店的国际化服务趋势,高职院校毕业生理论基础和外语水平的"双薄弱"使其很难成长为优秀的中高层管理者。这就要求本科院校酒店管理专业及时调整人才培养模式,突破目前人才培养中学校课程重理论、课程内容陈旧、学生实践能力不足、毕业生行业就业率低、就业后离职率高等人才培养的困境,探索有效的教育模式、教学方法,减少和避免人才及教育资源的浪费。

1)运行机制和动力问题

国家相关政策不足。校企合作在国家相应的政策支持和指引下才能健康发展,目前,国家虽然高度重视高等教育中应用性学科的校企合作,也积极推进各种类型的试点、试验工作,但仍然没有建立相应的准则和法规等。国家及教育主管部门也没有建立专门的校企合作的协调和管理机构,负责管理、监督和推行校企合作等相关事务,对于参与校企合作的双方单位缺乏相应的鼓励和奖励措施。

政府主导的管理作用缺失。从目前校企合作教育的现状看,校企合作更多的是处于民间活动状态,表现为学校一头热,很多合作企业源于合作校方的私人关系。合作中缺乏政府必要的政策指引、组织协调等,由此造成校企合作教育起点低、成本高。一些校企合作初期想法好,但缺乏政府管理及引导,只靠合作企业自身及企业人力资源部门的无偿付出,最终往往收获甚微,而且企业人力资源流动大,合作负责部门人员调动对合作教育及合作教育的持续性也会产

---

① 麦可思研究院.2016 年中国大学生就业报告。

生极大的影响。为此,很多所谓的校企合作办学便停留于最基本层面的满足教学硬件条件,提供实习机会等,而很难有更高层次、更深入的校企合作教育。

合作双方收益不对等。目前,一些企业对人才的培养还处于重招用、轻培养阶段,校企合作教育中,企业方往往会感觉其物质显性收益不明显,而忽视非物质的隐性收益,重眼前利益,轻长远利益。虽然院校方积极寻求合作,但在合作过程中,企业方受到人力资源成本显性收益的影响,合作的积极性不高,而出于自身发展需要自觉参与校企合作教育的企业少之又少,因此高校与企业很难达成平等互利的合作[①]。

2)培养目标定位问题

目前,国家高度重视职业教育的校企合作联合培养,于是全国各地职业院校纷纷与企业创建"订单班""专项班""定向班"等。在此背景下,普通本科高校与企业的合作就面临着培养目标定位的问题,由于企业已经习惯了"订单班""专项班""定向班"的思维模式,很容易在与本科院校的合作中同意采取订单班的模式,而在这个过程中,院校的主动权又不足,以致无法完成培养目标。

3)教学管理制度建设问题

校企合作教育点多面广,各专业情况迥异,管理难度较大。以高校的学生实习为例,存在着管理不到位的相关问题。首先,实习的组织管理不到位。学校与合作企业之间往往没有设置共同的实习管理机构,合作教育中的校方组织比较严密,对在企业实习的学生一般有一整套管理办法,而且分工、权责明确,但合作中的企业方在实习生管理方面则相应缺乏有效的管理制度,实习安排及管理随机性比较大。其次,制度不到位。校企合作项目往往多为改革试点项目,目前改革和试点的相应管理制度不够健全,研究仅仅处于初始阶段,科学性及可操作性的依据并不足。最后,学生的企业实习指导不到位。由于校企双方

---

① 孙慧敏,赵明月,张小村.校企合作协同育人中存在的问题与对策研究[J].潍坊工程职业学院学报,2014,27(2):27-29.

往往没有形成相对稳定、平等的合作共赢机制,因此学生在企业实习期间,学校指导教师的参与受到企业限制,虽然企业配备专业的指导教师,但在规范管理及培养目标管理上明显不如学校的教师,影响了校企合作教育的效果。

4)课程建设的问题

目前,本科高校应用型学科在课程体系等建设方面,仍然受到传统学科、实训、实验实施设备以及教师知识结构等因素的束缚,其课程建设往往存在满足市场前沿需求、职业岗位群发展需要的市场实战型课程不足的问题,从而导致校内学习内容与企业实际工作脱节,即使创建实验班,其企业课程与学校课程之间依然存在衔接问题①。另外,学生在企业实践实习过程中仍然需要学校和企业老师进行指导,让学生将理论知识应用于实践,再将实践知识和技能升华成理论,这是本科学生在实践中应该获得的。

1.3.3　本科院校校企合作教育的发展对策

1)构建校企合作运行机制

(1)建立政府主导的校企合作管理机构,构建校企合作教育管理体系

校企合作协同育人教育模式需要有持续不断的推动力,这一推动力中政府是关键要素,政府在校企合作起着主导作用。

国家及地方政府应建立校企合作管理机构,制定相关法律,以此明确企业和学校在校企合作教育中的责任和义务。例如,英国政府成立了80多个"培训和企业协会",专门协调学校和企业关系。美国成立了"国家合作教育委员会",负责协调全美院校的合作教育工作。德国设立了"产学合作委员会",对企业和学校双方进行控制和监督。

这些国家往往通过制定一些优惠政策,如享受一定的减免税等,吸引企业

---

① 闾冰.基于校企合作协同育人,探索高校人才培养模式——以上海工程技术大学城市轨道交通学院为例[J].企业导报,2014,(24):122-123.

参与到教育中来,以此构建学校和企业开展校企合作的评价和激励机制,制定科学标准,对校企合作进行全面的评估,树立校企合作的先进典型,同时以评价体系为基础,建立激励机制,激发和保护企业参与校企合作的积极性。

(2)构建互惠共赢的驱动机制

目前,校企合作教育中的双方大多数靠的是"关系和信誉"来维系,这种维系方式是校企合作的最初形式,虽然方便灵活,但缺乏稳定性、持续性。要校企合作教育保持稳定、健康发展就必须构建互惠共赢的驱动机制。第一,明确双方的利益点,即通过校企合作,提前进行企业文化教育,提高学生对企业文化的认知、认可,提高学生综合素质,使之成为企业需要的优秀人才;第二,企业通过进入学校进行教育互动,起到宣传企业的作用,树立了企业形象;第三,企业通过提供学生实践,一方面提高了学生的生产技能,另一方面也会起到对潜在消费者进行宣传的作用;第四,企业可以借助合作院校的信息与技术服务,进行员工职业培训、新产品开发、新技术引进和设备改造等。而学校通过合作有助于提高办学质量,培养出好人才,加强与行业的联系,促进教学和科研的发展,等等。只有双方找到共赢利益点,才能建设双方合作的驱动机制。

2)加大课程体系改革力度

传统的本科教学是以学校的课堂教学、老师、理论教学为中心的培养模式,而校企合作协同育人培养模式就是要打破传统的教学模式,将产、学、研合作的思想和理念贯穿在人才培养方案的改革和创新中,力求产、学、研的有机结合、深度融合。因此,校企合作教育应重新构建课程体系,可以将课程体系划分为基本素质课程、基本素质拓展课程、专业能力课程、专业能力拓展课程、可持续发展动力等大课程群。力求从传统、单一的学校课堂学习模式,延伸到校内实践课程、企业实践课程、开放性实践研讨课程,再到实习影子计划项目等相结合的学习模式,以提升人才的培养质量和培养效率。

3)调整师资建设思路,深化校企合作

利用校企合作协同育人教育,全方位开拓合作领域,如向学生课外实践、毕业设计、挑战杯、学科竞赛、教师科研、职业培训等方面拓展,如采取"走出去"的方法促进教师职业技能的学习和提高,如通过"引进来"的方法促进校企双方交流及信息互通。实现内培外引,专兼结合,利用多渠道、多方法,不断提升校企合作的共赢效益。

4)建立、健全合作教育管理制度,加强合作双方对企业实践的管理

校企合作教育的人才培养模式要获得良好的共赢效益及可持续发展的动力,就必须在合作双方建立健全有效的管理制度和运行机制,为校企合作教育提供质量保障和监督、监控制度。高校与企业双方共同研究制订合作教育管理制度、实践学习计划及双方管理办法,加强合作育人过程的管理和监督;规范企业实践指导的基本工作流程、工作方法和步骤,加强对学生在企业实践的监督及考核,制定并创新学生在企业实践效果的评价体系等,规范校企合作教育的管理。

第 2 章　校企协同育人
实验班的筹备

本书阐述的实验班由广州大学旅游学院(以下简称"我院"或"旅游学院")与旅游企业合作成立,招生对象为广州大学旅游管理专业在读大学三年级学生,合作单位为酒店,名称为酒店管理实验班或校企协同育人实验班(以下简称"实验班")。

2.1　实验班成立的背景

2.1.1　政策与社会背景

教育部在《关于全面提高高等教育质量的若干意见》(教高〔2012〕4号)文件第五条关于"创新人才培养模式"方面的内容中提出:"实施基础学科拔尖学生培养试验计划,建设一批国家青年英才培养基地,探索拔尖创新人才培养模式。实施卓越工程师、卓越农林人才、卓越法律人才等教育培养计划,以提高实践能力为重点,探索与有关部门、科研院所、行业企业联合培养人才模式。……

鼓励因校制宜,探索科学基础、实践能力和人文素养融合发展的人才培养模式。"①为深入贯彻该文件精神,广州大学在 2013 年开始组织师生到五邑大学等高校学习和交流。2015 年,为了加大校企协同育人模式的改革力度,广州大学在举办多次研讨会的基础上,开始在全校范围内组建实验班。在此背景下,旅游学院积极开展人才培养模式改革的探讨,在已经成立的旅行社管理创新班基础上,于 2015 年筹备成立了校企协同育人酒店管理实验班。

2.1.2　历史背景

广州大学是全国最早开设酒店管理专业的院校之一,1999 年按照教育部制定的新专业目录,酒店管理本科专业变更为旅游管理本科专业,每年招收两个教学班。2002 年,旅游管理专业隶属于新成立的广州大学旅游学院(中法旅游学院),持续至今。自 2002 年开始,从普通高考中招生的旅游管理专业分为两个项目:仅注册广州大学学籍的旅游管理专业和注册广州大学和法国昂热大学、尼斯大学学籍的旅游管理专业(中法项目)。2005 年,旅游管理专业被评为广州大学名牌专业。2010 年,旅游管理专业被评为广州市特色专业。自 2002 年开始,旅游管理专业开设过的专业方向有酒店管理、国际旅游与导游、高尔夫经营管理、旅行社经营管理、旅游房地产与物业管理等。该专业自成立之日起,就与广州地区的旅游企业建立了密切联系,具有多年开展校企合作的经验,不少毕业生成为旅游企业特别是酒店业的骨干,因此建设酒店管理实验班具有良好的历史背景。

2.1.3　合作单位的选择

合作单位的品牌和实力是影响实验班成效的主要因素。广州大学酒店管理实验班选择合作的铂涛集团和万豪国际集团都是国内外酒店行业的标杆。

---

① 教育部:《关于全面提高高等教育质量的若干意见》(教高〔2012〕4 号)。

铂涛集团成立于 2013 年,前身为创立于 2005 年的 7 天连锁酒店集团,由"7 天连锁酒店"创始人郑南雁、天使投资人何伯权联合凯雷投资、红杉资本及英联投资三大投资基金共同组建。2014 年,在美国权威酒店杂志 *HOTELS* 公布的"全球酒店集团 325 强"的排名中,铂涛集团全球排名第七,成为当年中国内地最大的酒店集团。2016 年,铂涛集团旗下拥有包括 7 天(经济)、铂涛菲诺(高端)等经济、中端、高端多个各具鲜明特色的酒店品牌和跨界创新品牌,覆盖全国 300 个城市,并积极扩张至东南亚、欧洲等海外市场,已成为中国酒店业品牌风格最丰富、覆盖区域最广的集团之一。铂涛集团首创酒店体验为主的品牌,打造品牌"加速器",跨界创新多元化品牌。铂涛集团雄厚的实力、年轻化的创业环境、革命化的品牌发展道路和趋势等资源条件使其成为开展实验班合作的理想企业[①]。万豪国际酒店集团公司,即万豪国际集团是全球首屈一指的国际酒店管理公司,拥有遍布全球 130 个国家和地区的超过 6 500 家酒店和 30 个品牌。2018 年,万豪国际集团收购喜达屋酒店集团[②]。万豪国际集团在广州地区有威斯汀、W 酒店、万豪、喜来登等酒店品牌。国际化的优势、众多的高端品牌、完善的培训体系和人才培养体系,使之成为开展校企协同育人的极佳合作企业。

2.1.4 前期工作

1)主要过程

2014 年底,广州大学旅游学院到重庆工商大学进行了创新实验班、校企合作特色班的调研,学习重庆工商大学旅游与国土资源学院与希尔顿国际酒店集团合作创办"希尔顿"班以及"国际旅游特色实验班"的经验。2014 年 10 月至 2015 年 4 月,广州大学旅游学院与广州地区多家高星级酒店和旅行社探讨了合作人才培养问题。由于校企合作共同实施的人才培养模式和课程等诸多问题

---

① 数据来自铂涛酒店集团官网。
② 数据来自万豪国际集团官网。

没有可供借鉴的经验,因此与企业的谈判进展较慢。在与众多企业的接触中,铂涛集团对人才的求贤若渴以及踏实、勇于创新的工作作风赢得了学院的重视,双方在接触中达成共识:校企合作共育人才,将铂涛集团管理培训生计划前置校园,校企双方共同制订新的人才培养方案,培育新型酒店管理人才。2015年5月,广州大学旅游学院与铂涛集团决定共同举办实验班。2015年5月至6月,双方通过多次协商,在人才培养模式、双方责任、企业课程、企业实践安排、招生、实施等诸多问题上达成一致,2015年7月,广州大学第一个校企协同育人实验班——飞航酒店管理实验班开班授课。2016年,在总结第一个实验班经验的基础上,旅游学院与万豪国际集团合作,开设了第二个酒店管理实验班。

2)实验班项目的合作基础

(1)校企双方一致的合作意愿

旅游学院与合作单位进行了多次研讨和论证,最终与铂涛集团合作,成立飞航酒店管理实验班,旨在尽早发现人才,尽早将对酒店管理有热情又具备创新能力的优秀学生纳入企业管理培训生计划,将培养高水平、国际化的酒店管理创新型人才计划前置,实现高等院校人才培养与社会、企业人才需求的无缝衔接。

(2)企业课程开发的落实

2015年5月,校企双方在项目的启动及企业课程开发方面进行了多次洽谈,在企业课程安排、授课方式、学时认定、成绩考核等方面与铂涛集团取得重要成果。铂涛集团为本项目专门设计了系统配套的企业课程、授课方式及考核方案。

铂涛集团为本项目学生提供"影子"实习计划,即提供集团内管理岗位供学生实践和学习,委派部门主管(店长)作为实习指导教师,让学生全程跟踪部门主管(店长)工作,学习酒店管理技能,由部门主管(店长)全程指导学生学习并进行考核。进入管理岗并进行轮岗实习,是该项目区别于其他酒店实习的最大特色。

高管座谈计划,该项目学生在指导教师指导下,定期准备论题,就酒店管理中遇到的相关问题及行业发展动态等方面与酒店中高层管理者进行定期座谈。

高管论坛进校园计划,定期邀请合作单位各部门、各层次高管到学校开展专题讲座,即开放课程计划,面向全校开放。

2.2 校企合作协议的签订

签订合作协议是举办实验班的法律基础。为充分发挥校企双方的优势,发挥教育为社会、行业、企业培养人才的服务功能,需向企业输送更多符合要求的高素质应用型人才,同时也为学校中高层次人才培养、实习和就业提供更大的空间和更多的机会。在平等自愿、充分酝酿的基础上,广州大学旅游学院和铂涛集团人力资源部、万豪国际集团校企合作部在多次协商基础上,就建立“校企战略合作”关系达成了协议,成为举办实验班的基础。本节内容为学校与铂涛集团双方签订协议的主要内容,其中广州大学称甲方,铂涛集团和万豪集团称乙方。

2.2.1 合作总则

甲乙双方坚持“挖掘各自优势资源,发展教育、创新人才培养和供给模式,促进双方事业共同发展”的指导思想,恪守“互相合作、互利互惠、实现双赢、共同发展”的基本原则。

2.2.2 合作内容及方式

甲乙双方同意在以下几个方面有选择性地开展合作:

1)管理咨询项目研发与成果推广

甲方可聘请乙方的中高层领导为甲方院系的教学指导专业委员、教学指导顾问、客座教授等,开展相关讲座活动,并参与甲方的教育教学工作;乙方可聘请甲方高层(院系领导)担任乙方企业发展顾问;甲乙双方合作进行各种类型、各个层次的咨询项目研究开发,研究成果归双方共同所有。

2）人才供给与人才培养改革

双方共同开展"酒店集团储备人才"培养项目,校企共同举办协同育人创新班,应甲方教学改革需要,乙方可根据社会、企业需要,基于行业发展和技术变革,对甲方的专业设置、课程设置、教学计划制订、人才培养等方面的工作提供建议和咨询。

3）技能培训与实验室建设

本着共同发展的原则,甲乙双方可协商共建校企合作实验室,根据教学和人才培养需要,乙方提供酒店管理系统等教学软件供双方合作项目教学,开展酒店管理技能等培训。根据需要,在甲方的实验室挂牌中可以嵌入乙方公司名称,甲乙双方在对外发布的信息中均可使用共建实验室的名称。

4）相关教材、教案编写

为扩大双方影响力,甲乙双方可协商合作编写相关教材、教案等,成果知识产权归双方所有。

5）职业资格培训及技能鉴定

甲乙双方利用各自资源优势,合作开展职业资格培训及技能鉴定。

6）实训、实习基地建设合作

乙方为甲方相关专业学生的见习、专业实习、毕业实习、毕业设计及社会实践等活动提供必要的协助,优先满足甲方学生的实训、实习需求,并及时向甲方提供人力资源需求方面的信息。在条件相同的情况下,优先录用甲方的毕业生。

7）其他经双方协商达成一致的合作内容

2.2.3　甲方的权利与义务

①根据前述合作内容,负责制订、修改、完善人才培养方案、教学实习和课程实践计划。

②以广州大学所有专业学生为宣传和招生对象,负责推广"酒店集团储备人才"培养项目。

③负责"酒店集团储备人才"培养项目学生的招收和管理,负责项目学生的学习和管理及校内实务协调。

④负责组织派出学生到乙方进行相关实践活动;实践活动的时间安排、每批参加实践人数、如何计费等问题另行商定;与乙方共同完成学生的实践成绩考核。

⑤负责督促项目学生和实习实践学生在实践活动期间严格遵守乙方的各项规章制度,如出现严重违规事项,甲方协助乙方进行相应的处罚。

⑥同意将乙方作为"广州大学实践基地"并逐级上报。

⑦共同开展市场调研与企业创新等方面的研究;申报、完成有关课题,组织好科研力量。

⑧为前述合作内容的开展提供便利条件。

2.2.4 乙方的权利与义务

①同意共同开展"酒店集团储备人才"培养项目,投入相关的资源为人才培养服务。

②为甲方提供日常教学支持:如接受甲方师生到乙方参观,观摩企业经营与管理的基本过程,并同意把乙方的管理经验作为甲方的教学案例等(商业秘密除外)。

③根据协商的条件应邀到甲方开展相关课程的教学和讲座。

④为实习学生的技能训练和实践活动提供场所、设备、上岗培训、岗位指导、考核等支持。

⑤同意作为甲方的教学实践基地,并为教学提供便利。

⑥与甲方开展市场调研与企业创新等方面的研究合作。双方及时沟通企业管理的新动向,乙方可根据具体问题和实际需要,提出论题作为甲方学生的

毕业论文研究方向或课程设计选题,学生将在老师的指导下,开展市场调研并完成论文写作或方案设计;或优先委托甲方开展相关课题研究,或应邀共同申报有关课题;为甲方老师到企业开展课题研究提供便利。

⑦根据协商的条件为甲方教师提供挂职锻炼的机会。

⑧为前述合作内容的开展提供便利条件。

2.2.5　合作期限

合作期限为协议签订之日起五年,合作期满,双方可根据合作意愿和实际情况另行协商续签合作协议或附件。本次合作结束后,双方可共同商议开拓新的合作领域,建立新的合作意向。

2.2.6　附则

①本协议一式两份,甲乙双方各执一份,自双方签字、盖章之日生效。

②双方应遵守有关条款,未尽事宜,可由双方协商解决或签订补充协议。

③如一方有违约或有损害对方利益和形象的行为,另一方有权终止协议。

④双方的具体合作项目可在本协议的基础上另行签订合作协议。

2.3　实验班实施方案

2.3.1　指导思想

根据教育部 2012 年颁布的《关于全面提高高等教育质量的若干意见》(简称"高教 30 条"),其中第十二条明确提出,要"推进协同创新",探索建立校企(行业)协同的人才培养模式,要求高校与经济社会发展有效协同,形成产学研一体化的设计思路,建立人才协同培养的体制机制,推进高校开放、合作、共建,鼓励高校与行业企业合作办学、合作育人、合作发展。为此,广州大学旅游学院与铂涛集团、万豪国际集团合作,以"多元化"与"立体交叉"视角,构建校企产学研结合创新型卓越人才培养模式。形成"企业创新人才需求与学校人才培养模式同步、理论学习与实践操练同步、实习实训与企业工作流程同步、学校培养学生与企业培训同步"的校企协同育人培养体系和运行机制,以实现多样化人才培养模式的探索与实践。

2.3.2 总体思路

1)目前问题

(1)酒店管理人才需求缺口大,旅游院校培养数量不足

酒店管理人才需求缺口大,尤其高级酒店管理人才在全球一直都是紧缺资源。截至 2017 年中国星级酒店达到 10 645 家[①],并呈现每年增长趋势。随着酒店数量的增长,酒店对管理人才的需求也呈现快速增长。据不完全统计,中国酒店管理职位空缺接近 400 万。造成这一缺口的主要原因是国内旅游院校酒店管理相关专业开设数量不足,尤其旅游及酒店管理本科专业招生人数不足。

(2)酒店管理专业学生毕业流失率高

酒店管理行业入行起薪低、劳动强度大、一线部门三班倒等因素,使旅游院校毕业生行业就业率偏低,不仅无法满足行业人才缺口,而且造成旅游教育和人才培养的极大浪费。学生想提高起薪,就必须提升自己的竞争力,而在现行体制下学生要提高自己的竞争力,就必须依靠学校的力量,针对应用型专业特点,冲破现行体制,求得创新发展。

(3)旅游院校专业教育与行业人才需求质量不对称

酒店行业源于西方并在全球得到发展,是需要融合多国文化的国际性行业,因此酒店从业人员应具备国际视野,有较强外语能力以及丰富专业的酒店

---

① 中华人民共和国文化和旅游部:2017 年度全国星级饭店统计公报.

管理知识与技能。然而,酒店管理专业教学方式与市场需求联系不紧密,在教学环节上,很多学校仍以传统的理论课讲授为主,即使安排实践课也存在实践时间不够或实践环节系统性受到限制等因素。由于国内的酒店管理专业绝大部分没有建设自己的实习酒店,而更多的是拓展和社会酒店联合办学的模式,在这种模式下校方与合作实习酒店之间的目的差距较大,双方利益点不统一,酒店希望接收免费、廉价的劳动力,学校方面比较被动地寄希望于实习酒店,希望通过实习让学生学到相应的服务技能,其结果并不理想。在多年实施人才培养的过程中,我们发现旅游管理专业存在以下问题:职业经理人培养目标不能完全实现;在校期间不能开展管理岗位实习;集团及连锁经营管理能力培养缺位;创新训练与行业结合不紧密;教师实践能力培养与人才培养对接不紧密。因此我们希望通过改革,寻求解决上述问题的途径。

(4)酒店管理人才需求紧迫

铂涛集团成立于 2013 年,到 2018 年铂涛集团旗下门店数超过 6 000 家,各种品牌总数达到 30 个左右。同时,铂涛除了继续扩展更多品牌之外,还在长租和短租、休闲度假和休闲娱乐等领域突破发展。同样的,近年来万豪集团在中国管理的酒店数量也快速扩张。空前的发展速度,人才是其重要保障,在此背景下,两个酒店集团求贤若渴,积极投身校企合作。

2)改革目标与思路及解决的教学问题

(1)改革目标

构建校企协同育人新模式。以提高人才酒店管理实践能力和创新意识为重点,构建与知名酒店管理集团协同培育酒店高级管理人才的新模式,通过校企互动、系统的企业课程和管理岗位的轮岗实践,实现校企共同培育国际化、创新型酒店管理高端人才(未来酒店管理精英)。

提速培养,为"优秀人才"提供快速成长通道。对学院内具有酒店管理志趣及潜能的优秀学生进行考核,并将其纳入提速培育计划。学生在大学三年级时进入本项目,通过系统的企业课程学习和管理岗位"影子"实习、轮岗实习,在大学毕业时即可提前完成原毕业后需耗时三年的管理培训生计划,大大缩短人才培养周期,让有才能、有意愿的优秀学生通过实验班驶入人才成长的快速通道,为社会和企业快出人才,出好人才。

(2)改革思路

全面提升广州大学旅游学院人才培养的市场竞争力,强化学生酒店管理岗位实践技能,培养国际化、创新型酒店管理高端人才,树立广州大学培养人才的品牌。

将现有学生进行分级培养,将有志于酒店行业的优秀学生纳入校企协同快速培育通道,为本项目学生制订全新的人才培养方案,实现快速育人。

将学生的理论学习与企业实践、岗位实习与社会就业有机结合,营建学校—企业—社会有机联动的"大课堂",解决长期以来院校人才培养与社会、企业人才需求脱节以及毕业生"中看不中用"的弊端。

充分利用企业资源优势,加强校企互动。寻找国内最有活力和创新能力的企业进行合作,将人才培养纳入企业管理培训生计划,共同开发企业培训课程,让优秀学生在大学期间充分利用企业课程资源、"影子"实习计划等项目,提前完成管理培训生课程,提前步入管理岗位,提早实现"酒店及旅游企业职业经理人"的培养目标。

(3)解决的教学问题

解决了人才培养目标定位不能完全实现,人才培养方案与企业要求有差距,毕业生知识结构和能力达不到预期的培养目标等现状的问题;解决了学校"真实环境"不完备,学生综合实践能力弱等问题;解决了教学过程中理论教学与实践教学不连贯,知识碎片化,学生创新意识弱等问题。

2.3.3 实施内容

1)人才培养模式改革

充分利用企业资源,实施学校与名企协同育人的人才培养新模式,即学校和企业共同承担育人责任,建立校企合作管理中心(校企合作委员会),对实验班课程体系进行联合开发,校企共同组织和管理学生企业课程的学习和实践;聘请企业管理人员任兼职教师,学生实践和毕业设计采用校企"双导师制"等系列管理新模式,为创新型人才培养提供了有效的机制支持。

改革企业管理培训生体系,一般企业的管理培训生计划是学生大学毕业后,经过考核招聘进入企业,并在企业进行为期三年的轮岗培训,优秀成员三年后走上管理岗位,这是企业管理人才培养的快速通道。在新型人才培养模式和管理模式基础上,校企双方及早发现和汇集具有酒店管理志趣和潜能的学生,增加培养机会和实战训练,缩短学生成长时间。

2)课程体系改革

改革课程设置与教学方式,从单一的学校课堂学习模式,到实现企业课程学习与企业实战培训的结合。构建由基础课程、中级课程、高级课程三大模块构成的课程体系。改革课程设置,更新教学内容。既强调学生基本职业技能的培养,又强调综合能力和创新能力的培养,更强化了实战型的实践教学环节。理论课程聘请酒店集团中高层管理师资授课,以企业实战的培训教材、案例为教材内容。加强学生酒店管理综合能力、战略思维的培养,实现职业经理人的培养目标。

3)实践教学环节改革

构建由酒店管理基础实践、技能实践、酒店管理中级实践、酒店管理高级实践贯穿两年的梯级实践教学课程体系,实现基本技能到创新能力的培养,并结合酒店管理"影子"计划、实际问题分析等灵活多样的方式,开展多样化的实践,提高学生综合素养与专业创新能力。

4)学生管理改革

设立由企业和学校老师共同组成的导师组,对每位学生进行全程指导。导师组负责学生的学业指导,检查学习计划进展,指导学生开展技能实践、研究训练等。同时,导师组还负责对学生的人生和思想进行引导,引导学生成为未来酒店管理精英。

5)学习评价方式改革

改革以考试为主或者作业考核的学习评价方式,采取导师观察、课程学习作业、讨论考核、研究性学习效果、过程性与终结性等多种考核方法和手段并用的评价方式。以学生平时学习情况和积极性考核为主,综合考虑学生的考勤、作业、课堂讨论、调查报告、课程论文、读书报告等多方面情况。

6)对接就业方式改革

改革人才培养与就业联系不紧密的单一实践基地建设模式,实现学校理论教学—企业实践教学—企业管理培训实践—毕业就业的无缝对接,增强毕业生的市场竞争力,实现校企全方位协调育人,加快优秀学生成长速度,提升人才培养质量,提升企业对社会及教育的服务功能,更好地实现其社会服务功能。

2.3.4 改革措施及可行性分析

1)人才培养方案修订

以培养具有国际化背景的创新型酒店管理高端人才为目标,结合企业实际需求和学生的培养目标修订酒店管理实验班教学计划。

第一,面向全学院招收二、三年级学生,每年 6 月开始实施企业课程计划,铂涛集团和万豪国际集团提供系列企业课程,大学三年级学生在校完成学校专业课程的同时,参加企业开设和负责的授课、讲座和座谈,作为实验班的培育期。实验班学生在大学四年级进入企业进行企业课程学习和"影子"计划实习。

第二,根据广州大学 2013 版人才培养方案,旅游管理专业学生在大学四年级秋季学期到毕业总共需要修读 26 学分,除了 16 学分为实践学分,其他 10 学分全部为专业选修课程,没有公共课和其他学院开设的课程。为满足这一要求,实验班课程做了适当调整,实验班与合作企业开设的企业课程可以达到 12 学分,实践总学分可以达到 52 学分。

2）企业课程开发

企业开发的课程分为初级、中级、高级三个系列,主要的课程有:

"酒店文化及品牌",以铂涛集团为案例,系统学习酒店企业文化设计及实施等实战知识。通过集中上课形式,系统学习酒店品牌推广及落地、品牌管理及运营等知识。

"酒店基础管理（部门管理）",以铂涛集团和万豪国际集团经营管理的连锁酒店为案例,通过集中上课形式,学习具体门店在日常管理等方面的知识。分析酒店管理中常见的问题及思考解决方案。

"连锁酒店筹建管理",以铂涛集团和万豪国际集团经营管理的连锁酒店为案例,通过集中上课形式,从酒店选址、定位到具体筹建管理等方面系统学习连锁酒店管理知识。

"连锁酒店经营与管理（上）",以铂涛集团和万豪国际集团经营管理的连锁酒店为案例,通过集中上课形式,从发展战略到具体门店管理等方面系统学习连锁酒店经营管理知识。分为上下两个阶段,此阶段会从收益管理角度出发,从商圈分析的角度解析酒店的经营策略。

"连锁酒店经营与管理（下）",以铂涛集团和万豪国际集团经营管理的连锁酒店为案例,通过集中上课形式,从发展战略到具体门店管理等方面系统学习连锁酒店经营管理知识。

"酒店创新研究",回顾两年的整体课程,结合企业文化、发展战略、连锁酒店的经营管理各板块从宏观的角度讨论分享企业在发展过程中的创新思路。

另外,还开发了"酒店集团管理""酒店发展战略"等课程。

3）企业实习实践安排

企业实习实践分为初级、中级、高级实践课程。

落实"影子"实习计划是实验班最具特色的实践项目,铂涛集团和万豪国际集团为学生提供众多管理岗位,并指定部门主管以上职位管理者为实验班学生的实践导师,全程对学生进行指导和跟踪,学生在企业跟随指导教师进行管理岗位的实习和学习,并定期在集团内部进行部门轮岗。

实验班学生需要参与的各类实践活动有:基础岗位业务实操;前台、客房、销售等主要岗位的基础业务及中层管理实践学习;集团总部岗位实践学习;从业务技能实操到中层管理实操需通过考核;每一阶段的实践学习都围绕理论总结—实操设想—疑惑梳理—实操—发现问题—分析问题—解决问题—解决疑惑—理论结合实践的总结进行分享。

4)教学队伍

企业教学团队核心成员由铂涛集团和万豪国际集团的人力资源总监、培训部经理、运营总监、销售总监等构成。

广州大学旅游学院实践教学管理与教学团队,由主管教学副院长、酒店管理系主任及骨干教师组成。

5)后续工作

建立实验班学生档案;制订和完善与实验班项目相关的各项管理制度;落实与完善实验班人才培养方案;制订实验班学生选拔方案;制订企业课程的评价方案;进行实验班的实施与调控;建立实验班学生毕业就业后的跟踪与反馈等。

2.3.5 企业学习阶段质量保障

1)组织与管理机构

企业学习阶段由旅游学院及项目合作单位委派负责人共同组织和管理。

学校方面,成立由分管教学副院长为组长,实验班具体负责人、实验班班主任、旅游学院酒店管理系骨干教师、实践教学负责人构成的教学管理团。管理团队的主要职责有:具体负责与学校及合作单位的总协调;负责课程实施和实践教学安排、学分及成绩确认等工作。

企业方面,人力资源总监及多名旗下酒店店长、部门经理作为指导教师组织学生的企业课程学习和实践,并落实集团高管进校园开设企业课程、研讨和座谈。

2)评价制度

根据企业评价制度、课程成绩标准、培训制度、实习制度等对学生进行评价。

①企业课程评价,按照广州大学相关文件及旅游学院实验班企业课程的认定办法等相关文件,认定学生在企业学习内容的课程归属、学时、学分等,成绩考核由企业学习的指导教师负责评定,成绩归档由旅游学院指派的指导老师录入学校系统。

②实习成绩,由企业实践指导教师和实验班课程负责老师根据实习表现、实习报告、实习日志、实习鉴定表、企业评价等项目共同评定成绩。

另外,根据广州大学及旅游学院实习指导教师职责规范,对指导教师在指导任务的完成及学生企业学习中的表现等进行综合评价。

2.4 人才培养方案的制订

从 2015 年第一学期开始,第一个实验班进入正式实施阶段,为了保证教学流程顺利开展,在实验班开班仪式之后,开展了实验班人才培养方案的制订。由于企业课程与学校课程的体系不同,在保证学生完成学校规定的课程学分和实习学分、按时毕业的基础上制订新的人才培养方案。本节为人才培养方案的具体内容。

2.4.1 培养目标

根据实验班的指导思想,重新定位旅游管理专业(实验班)的培养目标。新的培养目标定位为:培养适应新时期我国旅游酒店产业发展需要,具有良好的职业道德和服务精神,系统掌握现代酒店经营管理的基本理论、方法,熟悉酒店运作流程与管理模式,具有扎实的理论基础、良好的职业素养及较高外语水平,具有酒店房务管理、餐饮管理、酒店营销、酒店人力资源管理等多部门管理经验和能力,能从事单体酒店及连锁酒店管理的职业经理人。

2.4.2 学制、学分和学位

学制四年,总学分 164 学分(2018 年开始为 153 学分),按照广州大学规定授予学士学位。

2.4.3 课程设计

本实验班名字为"飞航"酒店管理实验班(2016 年开始改称旅游管理实验班),根据企业、酒店基础业务学习及管理、品牌经营管理、酒店宏观管理,以及战略管理及创新等延伸学习来设计课程。企业课程总学分 30 分,其中实践学分 20 分、课程学分 10 分。

2.4.4 课程构成

理论课程分酒店基础课程、酒店管理中级课程、酒店管理高级课程三个模块,合计 10 学分。实践课程分酒店基础实践课程、酒店管理中级实践课程、酒店管理高级实践课程三个模块,合计 20 学分。

2.4.5　课程设计特点

①在理论学习上体现了从基础到高级的知识结构。

②在能力设计上体现了从一般能力到综合能力、创新能力的培养,体现了与企业实战的结合。

③在教学方法改革上体现了从一般教学方法到多种教学方法并用。

2.4.6　理论课程

1)酒店基础课程(表 2-1)

该课程安排在大学二年级暑假学习,共 2 学分。

表 2-1　酒店基础课程

课程名称	酒店文化及品牌	酒店基础业务(案例学习)
学分学时	16 学时,1 学分	16 学时,1 学分
授课形式	集中授课+子品牌高管讲座	案例学习+嘉宾分享
授课地点	酒店集团总部	酒店集团总部
授课时间	大二暑假	大二暑假
考核方式	考查,双方共同考核,以酒店集团考核为主	考查,双方共同考核,以酒店集团考核为主
成绩录入	第 5 学期	第 5 学期

2)酒店管理中级课程(表 2-2)

该课程安排在大学三年级嵌入学期,安排单独授课学习,共 3 学分。

表 2-2　酒店管理中级课程

课程名称	连锁酒店筹建管理	酒店经营与管理（上）	酒店经营与管理（下）
学分学时	16 学时，1 学分	16 学时，1 学分	16 学时，1 学分
授课形式	集中授课+嘉宾分享	集中授课+嘉宾分享	集中授课+嘉宾分享
授课地点	酒店集团总部 广州大学	酒店集团总部 广州大学	酒店集团总部 广州大学
授课时间	第 5 学期	第 5 学期	第 6 学期
考核方式	考查，双方共同考核，以酒店集团考核为主	考查，双方共同考核，以酒店集团考核为主	考查，双方共同考核，以酒店集团考核为主
成绩录入	第 5 学期	第 5 学期	第 6 学期

3）酒店管理高级课程（表 2-3）

该课程安排在大学三年级下学期和大学四年级，安排单独授课学习，共 5 学分。

表 2-3　酒店管理高级课程

课程名称	酒店部门管理	酒店创新研究	酒店集团管理 （连锁运营学习）	酒店发展战略
学分学时	32 学时，2 学分	16 学时，1 学分	16 学时，1 学分	16 学时，1 学分
授课形式	嘉宾分享+课题研究分享	嘉宾分享+课题研究分享	分散安排	嘉宾分享+课题研究分享
授课地点	酒店集团总部 广州大学	酒店集团总部 广州大学	酒店集团总部	酒店集团总部
授课时间	第 6 学期	第 6 学期	第 7 学期	第 8 学期
考核方式	考查，双方共同考核，以酒店集团考核为主	考查，双方共同考核，以酒店集团考核为主	考查，双方共同考核，以酒店集团考核为主	考查，双方共同考核，以酒店集团考核为主
成绩录入	第 6 学期	第 6 学期	第 7 学期	第 8 学期

2.4.7　实践课程

　　铂涛集团和万豪国际集团为学生提供众多管理岗位,并指定部门主管以上职位管理者为实验班学生的指导教师,全程对学生进行指导和跟踪,学生在企业跟随指导教师进行管理岗位的实习和学习并定期在集团内部进行部门轮岗。其中"影子"实习计划是实验班最具特色的实践项目。

　　实践课程的特点有:课程设计从基础到高级梯级设计,对应理论教学,学分数达 20 个;每个学生都经历基础岗位业务实操;每个学生都有前台、客房、销售等主要岗位的基础业务及中层管理实践学习;每个学生都有在集团总部岗位实践学习的机会。从业务技能实操到中层管理实操需通过考核。每一阶段的实践学习都围绕理论总结—实操设想—疑惑梳理—实操—发现问题—分析问题—解决问题—解决疑惑—理论结合实践的总结进行分享。

　　1)酒店管理基础实践课程(表 2-4)

　　该课程安排在大学二年级暑假及大学三年级暑假,共 4 学分。

表 2-4　酒店基础实践课程

课程名称	酒店业务技能及基础管理实践 1 (技能训练)	酒店业务技能及基础管理实践 2 (技能训练)
学分学时	2 学分,4 周	2 学分,4 周
授课形式	分散安排(实践学习品牌 1)	分散安排(实践学习品牌 2)
实践内容	以合作企业管理的酒店为实践学习内容,通过顶岗和影子计划等形式学习酒店业务及管理技能	以合作企业管理的酒店为实践学习内容,通过顶岗和影子计划等形式学习酒店业务及管理技能
实践安排	客房基础岗位 2 周 前台基础管理岗位学习 1 周 前台基础岗位 2 周 前台基础管理岗位学习 1 周	客房基础岗位 2 周 前台基础管理岗位学习 1 周 前台基础岗位 2 周 前台基础管理岗位学习 1 周

续表

课程名称	酒店业务技能及基础管理实践 1（技能训练）	酒店业务技能及基础管理实践 2（技能训练）
实践地点	酒店集团总部,下属酒店	酒店集团总部,下属酒店
实践时间	二年级暑假	三年级暑假
考核方式	考查,双方共同考核,以酒店集团考核为主	考查,双方共同考核,以酒店集团考核为主
成绩录入	第 5 学期	第 6 学期

2）酒店管理中级实践课程（表 2-5）

该课程安排在大学四年级上学期,共 12 学分。

表 2-5　酒店管理中级实践课程

课程名称	酒店业务技能及基础管理实践 3（技能训练）	酒店中层管理实践(上、下)（影子计划）
学分学时	2 学分,2 周	10 学分,10 周
授课形式	分散安排	分散安排
授课地点	酒店集团总部及门店	酒店集团总部及门店
授课时间	第 7 学期	第 7 学期
考核方式	考查,双方共同考核,以酒店集团考核为主	考查,双方共同考核,以酒店集团考核为主
成绩录入	第 7 学期	第 7 学期

3）酒店管理高级实践课程（表 2-6）

该课程安排在大学四年级下学期,共 4 学分。

表 2-6　酒店管理高级实践课程

课程名称	酒店经营管理（影子计划）	总部管理实践（连锁运营学习）	毕业论文
学分学时	2 学分,4 周	2 学分,4 周	8 学分
授课形式	分散安排	分散安排	分散安排
授课地点	酒店集团总部及门店	酒店集团总部及门店	酒店集团总部及门店
授课时间	第 8 学期	第 8 学期	第 8 学期
考核方式	考查,双方共同考核,以酒店集团考核为主	考查,双方共同考核,以酒店集团考核为主	考查,双方共同指导,以广州大学为主
成绩录入	第 8 学期	第 8 学期	第 8 学期

2.4.8　实验班课程安排(表 2-7)

表 2-7　实验班企业课程安排

课程类型		课程序号	课程名称（中文）	学分	学时	开课学年	开课学期	开课单位
课程体系	专业选修课程	1	酒店文化及品牌	1	16	2	暑假	酒店
		2	酒店基础业务	1	16	2	暑假	酒店
		3	连锁酒店筹建管理	1	16	3	1	酒店
		4	连锁酒店经营与管理（上）	1	16	3	1	酒店
		5	连锁酒店经营与管理（下）	1	16	3	2	酒店
		6	酒店部门管理	2	32	4	1	酒店
		7	酒店集团管理	1	16	4	1	酒店
		8	酒店创新研究	1	16	4	1	酒店
		9	酒店发展战略	1	16	4	2	酒店
		小计		10				

续表

集中性实践教学环节	实训课程	酒店业务基础实习 1	2	4 周	2	暑假	酒店
		酒店业务基础实习 2	2	4 周	3	暑假	酒店
		酒店基层管理实习	2	2 周	4	1	酒店
		酒店中层管理实习 1	6	6 周	4	1	酒店
		酒店中层管理实习 2	4	4 周	4	2	酒店
		酒店集团管理实习	4	4 周		2	酒店
学分合计		30	其中实践		20	其中选修	10

2.5 实验班的管理

2.5.1 招生范围

以广州大学旅游学院学生为主要招生对象。从 2015 年开始,根据实施发展情况,逐步扩展到广州大学所有管理类专业。

2.5.2 组织机构及其职责

成立由旅游学院和企业管理层组成的工作组。负责实验班计划的具体实施,包括组织学生初选,教师、导师人选推荐,教学计划实施,学生日常管理,制订年度工作计划,制订年度经费使用计划等。

2.5.3　学生选拔与管理

1）学生选拔

选拔程序采取学生自愿申请、企业面试初选。考核内容包括综合素质、心理健康、酒店就业及发展倾向等,每学年春季学期面向二年级学生选拔组班。

2）学生管理

实验班学生一至三年级在原班管理。三年级第二学期末开始独立成班,为实验班配备一名专职班主任,实行班级管理与导师组管理相结合的管理模式。

3）教学与学籍管理

实验班第一到第三学年教学在广州大学进行,按照原班级人才培养方案进行,第四学年教学在铂涛集团和万豪集团进行。

4）建立退出机制

第三学年末不能适应实验班教学要求的,可申请退出,学生学籍退回原专业。第四学年开始不接受退出。

2.5.4　保障措施

1）组织保障

校企双方建立专门的组织机构(校企合作委员会),负责战略合作的总体指导、协调和管理。校企合作委员会由学校和企业相关人员组成。主要职责是审定战略协议及人才培养方案,审定相关的政策和制度,审定经费投入、激励措施、管理制度和质量监控等措施。

成立酒店管理实验班管理团队,具体负责培养方案的制订和实施,主要职责有制订人才培养方案,委派课程上课师资和管理人员,评定课程成绩,向校企合作委员会报告项目进展等。

2）制度保证

为保障战略合作和项目的顺利运行,建立、健全相应的规章制度,如《学生企业学习阶段的管理办法》《兼职教师的工作和责任要求》等。

3）人员保障

建立校内外指导教师队伍,并为指导教师发放聘书,实验班学生在校内外均有指导教师指导。同时,校内外指导教师将及时掌握行业企业对实践人才的新的需求和变化,及时修订和完善人才专业培养方案及课程建设。

2.5.5　实验班的特色

1）培养模式特色

实施学习、实践、就业三合一实战培养模式,建立人才共育、过程共管、成果共享的"三共"校企合作机制和新的协同育人培养模式。

2）课程建设特色

校内理论课程与企业实践课程结合。所有专业课程由企业授课,实践学分分段完成。学习内容丰富,获得知识、技能的过程立体。

3）组织管理特色

校企双方合作单位共同建立专门的组织机构(校企合作委员会)。

第3章　校企协同育人实验班的课程

在实施校企协同育人的过程中,实验班是重要的载体,而具有一定体系的企业课程则是关键。上一章已经阐述了人才培养方案,构成方案的核心就是企业课程体系。每一门课程的教学内容,都经过校企双方讨论后确定,并主要体现在课程大纲上。因此,本章所述的内容就是校企协同育人实验班人才培养方案的课程大纲,课程师资由企业负责,以企业授课为主。

3.1 "酒店文化及品牌"课程大纲

课程名称	酒店文化及品牌/Hotel culture and brand		
课程性质	专业选修课	适用范围	实验班
学分数	2	先修课程	现代酒店概论、酒店经营管理
学时数	32	实验/实践学时	0
课外学时	32	考核方式	考查
执笔者	肇×	审核者	吴××
制订单位	旅游学院	制订日期	2015 年 6 月

3.1.1　教学大纲说明

1）课程的地位、作用和任务

酒店文化及品牌是专门为实验班学生与合作酒店集团共同开发设计的企业课程，属于专业选修课程，对旅游人才的培养具有重要的作用。通过本课程的学习，让学生了解企业文化、酒店文化及其对酒店经营管理的作用，酒店文化塑造对酒店品牌树立的影响和作用，培养学生的酒店品牌管理的战略视野，以及运用管理理论分析、指导综合实践的能力。

2）课程教学的目的和要求

本课程通过大量案例进行讲解和分析，尤其以合作企业文化和品牌管理案例为主讲解和分析，系统学习酒店企业文化设计及实施、酒店品牌推广及落地、品牌管理及运营等实战知识。让学生了解现代企业文化对企业的影响，并结合企业品牌的构建，让学生了解企业文化在企业品牌构建中的重要作用，为学生提供酒店管理的新思维、新模式，并能够利用所学的知识对企业文化的实践工作进行分析和研究。

3）课程教学方法与手段

本课程的主要的教学方法是案例解析和多媒体教学授课，在企业讲师授课的基础上组织学生课堂讨论，并在课后收集资料进行案例分析。

4）课程与其他课程的联系

本课程的管理基础理论与《管理学原理》有密切联系，同时是在《现代酒店概论》的基础上进行更专业、更深入的学习。

5）教材与教学参考书

教材：自编。

参考书：

1. Denney G. Rutherford. Hotel Management and Operations［M］. New York：Van Nostrand Reinhold，1990.

2. Norma Polovitz Nickerson. Foundations of Tourism［M］. Upper Saddle River：Prentice-Hall，Inc，1996.

3. Robert C. Lewis，Thomas J. Beggs，Margaret Shaw，Steven A. Croffoot. The Practice of Hospitality Management［M］. Connecticut Avi Publishing Company，Inc，1986.

3.1.2　课程的教学内容、重点和难点

第 1 章：企业文化之传承

主要内容：以合作企业管理的连锁酒店为案例，介绍企业文化的发生、发展以及企业文化对企业发展的影响、对品牌形成的作用等方面的知识。

重点：企业文化知识。

难点：企业文化在企业发展和品牌构建中的作用。

第 2 章：案例学习《经济型酒店子品牌的构建》

主要内容：以合作企业经济型酒店子品牌为案例分析品牌的产生、发展及企业文化在其中起到的重要作用。

重点：合作企业经济型酒店子品牌的构建。

难点：企业文化在酒店品牌构建中的作用。

第 3 章：案例学习《中端酒店子品牌的构建》

主要内容：合作企业中端酒店子品牌构建的设想、品牌管理及运营情况。

重点：中端酒店子品牌的构建。

难点：品牌管理与运营。

第 4 章:案例学习《高端酒店子品牌的构建》

主要内容:合作企业高端酒店子品牌构建的设想、品牌管理以及运营情况。

重点:高端酒店子品牌的构建。

难点:高端酒店品牌管理与运营。

第 5 章:案例学习《跨界品牌的管理与运营》

主要内容:酒店集团中跨界品牌介绍、跨界品牌经营的特点、方式,以及跨界品牌经营需要的条件及迎接的挑战。

重点:跨界品牌经营及品牌管理。

难点:跨界品牌经营及品牌管理。

3.1.3 学时分配

教学内容		各教学环节学时分配						采用何种多媒体教学手段
章节	主要内容	讲授	讨论	习题	实践	其他	小计	
1	企业文化之传承	4		2		4	10	PPT
2	案例学习《经济型酒店子品牌的构建》	4				2	6	PPT
3	案例学习《中端酒店子品牌的构建》	4				2	6	PPT
4	案例学习《高端酒店子品牌的构建》	4				2	6	PPT
5	案例学习《跨界品牌的管理与运营》	4					4	PPT
合计		20		2		10	32	

3.2　"连锁酒店筹建管理"课程大纲

课程名称	连锁酒店筹建管理/ Chain hotel preparation and management		
课程性质	专业选修课	适用范围	实验班
学分数	2	先修课程	现代酒店概论、酒店经营管理
学时数	32	实验/实践学时	0
课外学时	32	考核方式	考查
执笔者	肇×	审核者	吴××
制订单位	旅游学院	制订日期	2015 年 6 月

3.2.1　教学大纲说明

1）课程的地位、作用和任务

连锁酒店筹建管理是专门为实验班学生与合作企业共同开发设计的企业课程,属于专业选修课程,对旅游人才的培养具有重要的作用。本课程可以让学生从酒店选址、定位到具体筹建管理等方面系统学习连锁酒店管理知识,培养学生的酒店品牌管理的战略视野,以及运用管理理论分析、指导综合实践的能力。

2）课程教学的目的和要求

本课程通过大量案例进行讲解和分析,尤其以合作企业文化和品牌管理案例为主,系统介绍酒店开业前期的各项准备工作,包括项目开发选址、筹建、品牌推广等各知识点。让学生了解现代大型酒店集团选址、扩建的理论和实践,了解酒店筹建管理的新思维、新模式,并能够利用所学的知识对企业进行分析和研究。

3)课程教学方法与手段

本课程的主要的教学方法是案例解析和多媒体教学授课,在企业讲师授课的基础上组织学生课堂讨论,并在课后收集资料进行案例分析。

4)课程与其他课程的联系

本课程的管理基础理论与管理学原理有密切联系,同时是在现代酒店概论的基础上进行更专业更深入的学习。

5)教材与教学参考书

教材:自编。

参考书:

1. Denney G. Rutherford. Hotel Management and Operations[M]. New York: Van Nostrand Reinhold, 1990.

2. Norma Polovitz Nickerson, Foundations of Tourism[M]. Vpper Saddle Rirer: Prentice-Hall, Inc, 1996.

3. Robert C. Lewis, Thomas J. Beggs, Margaret Shaw, Steven A. Croffoot. The Practice of Hospitality Management[M]. Connecticut Avi Publishing Company, Inc,1986.

3.2.2 课程的教学内容、重点和难点

第 1 章:案例学习《酒店开发选址》

主要内容:以合作企业经营管理的连锁酒店为例,介绍不同类型、不同档次酒店选址应考虑的要素,酒店选址对酒店发展的影响、对酒店品牌传播的影响等。

重点:不同类型、不同档次酒店选址应考虑的要素。

难点:酒店选址对酒店发展和品牌传播的影响。

第 2 章:案例学习《酒店筹建知识》

主要内容:制订开业前各项工作计划;协助业主设置酒店组织管理机构,合理定编定岗;协助调整酒店布局、功能分布、室内装修设计和布置,以及水、电、空调、消防安全和酒店内部运作流程;协助建立酒店运行的基本模式;协助招聘、培训基层管理和服务人员;考核选聘,强化酒店培训,协助策划、举行特色主题开业仪式,对外宣传。

重点:协助业主设置酒店组织管理机构,合理定编定岗。

难点:建立酒店运行的基本模式。

第 3 章:案例学习《筹建进度管理》

主要内容:酒店施工进度、制订筹建工作进度计划、人员招聘和培训、经营计划和预算编制、各部门运营手册的编制、物品采购和制作、开业广告和推广计划、证照办理、开业庆典计划、场地验收、模拟营运、开业前的检查等。

重点:人员招聘和培训、经营计划和预算编制。

难点:人员招聘和培训、经营计划和预算编制。

第 4 章:案例学习《投资人关系》

主要内容:企业运用财经传播和营销的原理,通过管理公司同财经界和其他各界进行信息沟通的内容和渠道,以实现相关利益者价值最大化,并如期获得投资者的广泛认同,规范资本市场运作,实现外部对公司经营约束的激励机制,实现股东价值最大化和保护投资者利益,以及缓解监管机构压力等。

重点:企业同财经界和其他各界进行信息沟通的内容和渠道。

难点:规范资本市场运作、实现外部对公司经营约束的激励机制。

第 5 章:案例学习《酒店品牌推广》

主要内容:了解本酒店品牌在消费者心中的定位,根据相应的定位进行品牌推广,让其真正进入人心,让消费者知道本酒店品牌的定位,从而持久、有力地影响消费者的购买决策。

重点:了解本酒店品牌在消费者心中的定位。

难点:酒店品牌的推广管理。

3.2.3 学时分配

教学内容		各教学环节学时分配						采用何种多媒体教学手段
章节	主要内容	讲授	讨论	习题	实践	其他	小计	
1	案例学习《酒店开发选址》	4	2			2	8	PPT
2	案例学习《酒店筹建知识》	4				2	6	PPT
3	案例学习《筹建进度管理》	4				2	6	PPT
4	案例学习《投资人关系》	4				2	6	PPT
5	案例学习《酒店品牌推广》	4				2	6	PPT
合计		20	2			10	32	

3.3 "连锁酒店经营与管理(上)"课程大纲

课程名称	连锁酒店经营与管理(上)/ Hotel Chain Management		
课程性质	专业选修课	适用范围	实验班
学分数	2	先修课程	现代酒店概论
学时数	32	实验/实践学时	0
课外学时	32	考核方式	考查
执笔者	肇×	审核者	吴××
制订单位	旅游学院	制订日期	2015 年 6 月

3.3.1　教学大纲说明

1）课程的地位、作用和任务

连锁酒店经营与管理是专门为实验班学生设计、定制的企业课程,属于专业选修课,对旅游人才的培养具有重要的作用。本课程可以让学生从发展战略到具体门店管理等方面系统学习连锁酒店经营管理知识。培养学生酒店管理的行业视野,并提升学生运用理论分析、指导实践的能力。

2）课程教学的目的和要求

本课程通过合作企业案例对连锁酒店经营管理的理论和实践进行了解析,让学生了解现代连锁酒店经营管理的新思维、经营管理的新模式。此阶段会从收益管理角度出发,从商圈分析角度解析酒店的经营策略,使学生能够对连锁酒店所处的经营环境和竞争状况进行分析,理论联系实际,具备一定的分析问题、解决问题的能力,提升学生经营和管理连锁酒店的知识水平和能力。

3）课程教学方法与手段

本课程的主要的教学方法是案例分析和多媒体教学授课,企业讲师在分享、解析案例的基础上组织学生进行课堂讨论,对连锁酒店经营和管理的热点问题、连锁酒店实践存在的主要问题进行深入的探讨和分析。

4）课程与其他课程的联系

本课程是实验班最主要的专业选修课程,是其他酒店管理专业课开课的基础。本课程的管理基础理论与管理学原理有密切联系,同时是在住宿业概论深入介绍主要住宿产品形式与构成、国际知名住宿企业等知识的基础上,对酒店企业内部的经营和管理进行更专业、更深入的学习。

5）教材与教学参考书

教材:自编。

参考书：

1. Denney G. Rutherford. Hotel Management and Operations［M］. New York：Van Nostrand Reinhold，1990.

2. Norma Polovitz Nickerson，Foundations of Tourism［M］. Vpper Saddle River：Prentice-Hall，Inc，1996.

3. Robert C. Lewis，Thomas J. Beggs，Margaret Shaw，Steven A. Croffoot. The Practice of Hospitality Management［M］. Connecticut Avi Publishing Company，Inc，1986.

3.3.2　课程的教学内容、重点和难点

第 1 章:酒店运营模式

主要内容:以合作企业案例解析经济型酒店运营模式、中端酒店运营模式、高端酒店运营模式、酒店集团子品牌运营管理的基础理论和实战知识等。

重点:不同类型、档次酒店的运营模式。

难点:集团子品牌运营的实战知识。

第 2 章:酒店商圈分析

主要内容:酒店商圈概述、周边主要竞争对手比较、周边市场 SWOT 分析、客源结构分析、销售提升计划、商圈观察与分析要点。

重点:周边主要竞争对手比较、周边市场 SWOT 分析。

难点:客源结构分析、销售提升计划。

第 3 章:酒店收益管理

主要内容:酒店收益管理的起源、发展,酒店数据挖掘与需求预测,市场细分与差别定价,动态定价和优化价格,客房超订和超售控制,容量控制和能力分配。

重点:酒店数据挖掘与需求预测。

难点:客房超订和超售控制,容量控制和能力分配。

第 4 章:酒店定价及预测

主要内容:酒店产品定价的影响因素分析、酒店产品定价的方法、定价的基本策略、价格变动反应及价格调整、酒店产品价格预测。

重点:酒店产品定价的影响因素分析。

难点:酒店产品定价的方法、定价的基本策略、价格变动反应及价格调整、酒店产品价格预测。

第 5 章:酒店产品与创新

主要内容:酒店产品的概念、酒店产品的组成以及酒店产品的创新形式和创新方法。

重点:理解酒店产品的构成,酒店产品创新的形式和方法等。

难点:对热点问题进行分析、思考,并提出酒店产品创新的方案。

3.3.3 学时分配

教学内容		各教学环节学时分配						采用何种多媒体教学手段
章节	主要内容	讲授	讨论	习题	实践	其他	小计	
1	酒店运营模式	6	2			2	10	PPT
2	酒店商圈分析	4	2				6	PPT
3	酒店收益管理	2				4	6	PPT
4	酒店定价及预测	4	2				6	PPT
5	酒店产品与创新	2	2				4	PPT
合计		18	8			6	32	

3.4 "连锁酒店经营与管理（下）"课程大纲

课程名称	连锁酒店经营与管理（下）/ Hotel Chain Management		
课程性质	专业选修课	适用范围	实验班
学分数	2	先修课程	现代酒店概论
学时数	32	实验/实践学时	0
课外学时	32	考核方式	考查
执笔者	肇×	审核者	吴××
制订单位	旅游学院	制订日期	2015 年 6 月

3.4.1 教学大纲说明

1）课程的地位、作用和任务

连锁酒店经营与管理是专门为实验班学生设计、定制的企业课程，属于专业选修课，对旅游人才的培养具有重要的作用。本课程可以让学生从发展战略到具体门店管理等方面系统学习连锁酒店经营管理知识。培养学生酒店管理的行业视野，并提升学生运用理论分析、指导实践的能力。

2）课程教学的目的和要求

本课程通过大量合作企业案例对连锁酒店经营管理的理论和实践进行了解析，让学生了解现代连锁酒店经营管理的新思维、经营管理的新模式。此阶段会涉及经营数据的分析，从数据分析中关注酒店的经营发展，使学生能够对连锁酒店所处的经营环境和竞争状况进行分析，理论联系实际，具备一定的分析问题、解决问题的能力，提升学生经营和管理连锁酒店的知识水平和能力。

3）课程教学方法与手段

本课程的主要的教学方法是案例分析和多媒体教学授课,企业讲师在分享、解析案例的基础上组织学生课堂讨论,对连锁酒店经营和管理的热点问题、连锁酒店实践存在的主要问题进行深入的探讨和分析。

4）课程与其他课程的联系

本课程是实验班最主要的专业选修课程,是其他酒店管理专业课开课的基础。本课程的管理基础理论与管理学原理有密切联系,同时是在住宿业概论深入介绍主要住宿产品形式与构成、国际知名住宿企业等知识的基础上,对酒店企业内部的经营和管理进行更专业更深入的学习。

5）教材与教学参考书

教材:自编。

参考书:Denney G. Rutherford. Hotel Management and Operations［M］. New York：Van Nostrand Reinhold,1990.

3.4.2　课程的教学内容、重点和难点

第 1 章:酒店财务知识

主要内容:通过合作企业的案例分析和详解,让学生了解酒店财务部在酒店的经营活动中对酒店数据的收集、记录、分类、总括、分析,以及由此而得出的结果和结论等相关知识。

重点:酒店财务数据的收集、分析。

难点:酒店财务数据的分析以及由此得出的结果分析。

第 2 章:连锁酒店财务管理

主要内容:酒店财务和计划管理,会计核算管理,资金管理,外汇管理,固定资产管理,家具用具设备管理,物料用品管理,费用管理,成本管理,利润管理,合同管理,商品、原料和物料的采购管理和仓库物资管理等。

重点:酒店财务和计划管理。

难点:成本管理、利润管理。

第3章:酒店经营考核指标

主要内容:酒店经营考核指标的作用、影响因素,主要考核指标管理,如已售客房平均房价、入住率、每间可售房收入、平均房价指数、市场渗透指数、每间可售房收入指数等。

重点:已售客房平均房价、入住率、每间可售房收入、平均房价指数、市场渗透指数、每间可售房收入指数等。

难点:已售客房平均房价、入住率、每间可售房收入、平均房价指数、市场渗透指数、每间可售房收入指数等。

第4章:酒店经营报表

主要内容:酒店经营报表的类型、酒店经营报表的作用、酒店经营报表的内容、酒店经营报表的分析和预测功能等。

重点:酒店经营报表的分析和预测。

难点:酒店经营报表的分析和预测。

第5章:从数据看酒店经营

主要内容:历史数据回顾,包括部门行动计划完成情况通报、经营部门经营收入分析,对收入、成本、费用、出租率、平均房价、应收账款等进行的分析;通过数据查找过去经营过程中的问题和原因,包括部门存在的问题及产生的原因,部门收入完成或未完成的因素,部门成本、费用节余或超支的原因分析;重点分析解决的办法和措施,包括行动计划方案和策略、市场预测等。

重点:通过数据查找过去经营过程中的问题和原因,包括部门存在的问题及产生的原因,部门收入完成或未完成的因素,部门成本、费用节余或超支的原因分析。

难点:分析解决的办法和措施,包括行动计划方案和策略、市场预测等。

3.4.3　学时分配

教学内容		各教学环节学时分配						采用何种多媒体教学手段
章节	主要内容	讲授	讨论	习题	实践	其他	小计	
1	酒店财务知识	2				2	4	PPT
2	连锁酒店财务管理	4	2				6	PPT
3	酒店经营考核指标	2				4	6	PPT
4	酒店经营报表	4	2				6	PPT
5	从数据看酒店经营	6	2			2	10	PPT
合计		18	6			8	32	

3.5　"酒店部门管理"课程大纲

课程名称	酒店部门管理/Hotel department Management		
课程性质	专业选修课	适用范围	实验班
学分数	2	先修课程	旅游学概论、现代酒店概论
学时数	32	实验/实践学时	0
课外学时	32	考核方式	考查
执笔者	肇×	审核者	吴××
制订单位	旅游学院	制订日期	2015 年 6 月

3.5.1　教学大纲说明

1）课程的地位、作用和任务

酒店部门管理是专门为实验班学生与合作企业共同开发设计的企业课程，属于专业选修课程，对旅游人才的培养具有重要的作用。本课程可以让学生了解世界酒店各部门经营管理的主要观念、基本理论和管理方法，培养学生的国际视野，以及运用理论分析、指导实践的能力。

2）课程教学的目的和要求

本课程对酒店各部门管理的大量案例进行了分析和讲解，主要目的是让学生了解酒店中各部门之间的管理以及部门管理中的新思维、新经营管理模式，让学生理解酒店部门管理的特点，同时要让学生掌握国际酒店的组织结构和组织管理工作，并能够利用所学的知识对企业的实践工作进行分析和研究。

3）课程教学方法与手段

本课程的主要的教学方法是利用案例解析和多媒体教学手段授课，在企业讲师授课的基础上组织学生课堂讨论，并在课后收集资料进行案例分析。

4）课程与其他课程的联系

本课程是实验班专属课程，其管理基础理论与管理学原理有密切联系，同时是在现代酒店概论的基础上进行更专业更深入的学习。

5）教材与教学参考书

教材：自编。

参考书：Norma Polovitz Nickerson. Foundations of Tourism[M]. Vpper Saddle River：Prentice-Hall, Inc, 1996.

3.5.2　课程的教学内容、重点和难点

第 1 章：酒店部门管理概论

主要内容：以合作企业经营管理的连锁酒店为例，通过集中上课形式，学习

具体门店在日常管理等方面的知识。

重点:酒店门店管理方面的知识。

难点:酒店门店管理方面的知识。

第 2 章:案例学习《酒店前台管理》

主要内容:酒店前台组织管理概述、酒店前台结构、酒店部门冲突管理,以及组织效率低下的因素等。

重点:现代酒店前台组织结构的特点、组织管理的意义、酒店部门冲突管理、组织效率低下的因素等。

难点:酒店组织结构设计、酒店部门冲突管理和组织效率低下的因素。

第 3 章:案例学习《酒店客房管理》

主要内容:酒店客房组织结构、人员特征、客房组织管理方式等。

重点:客房组织结构设置,客房组织管理方式。

难点:客房组织管理方式。

第 4 章:案例学习《酒店餐饮管理》

主要内容:酒店餐饮组织结构、餐饮部的主要工作职责、工作考核、质量保证、酒店服务质量标准建立等。

重点:餐饮部组织结构设置,人员工作效果的考核和评估标准。

难点:餐饮部的主要工作职责,工作评估的标准。

第 5 章:案例学习《酒店客户管理》

主要内容:酒店客户的构成、特征,公共关系部的构成,客户管理的主要工作内容和职责。

重点:酒店客户的构成、特征,公共关系部的构成,客户管理的主要工作内容和职责。

难点:酒店客户的构成、特征。

3.5.3 学时分配

教学内容		各教学环节学时分配						采用何种多媒体教学手段
章节	主要内容	讲授	讨论	习题	实践	其他	小计	
1	酒店部门管理概论	4	2			4	10	PPT
2	案例学习《酒店前台管理》	4				2	6	PPT
3	案例学习《酒店客房管理》	4				2	6	PPT
4	案例学习《酒店餐饮管理》	4				2	6	PPT
5	案例学习《酒店客户管理》	4					4	PPT
合计		20	2			10	32	

3.6 "酒店集团管理"课程大纲

课程名称	酒店集团管理/Hotel Group Management		
课程性质	专业选修课	适用范围	实验班
学分数	2	先修课程	旅游学概论、现代酒店概论
学时数	32	实验/实践学时	0
课外学时	32	考核方式	考查
执笔者	肇×	审核者	吴××
制订单位	旅游学院	制订日期	2015 年 6 月

3.6.1　教学大纲说明

1）课程的地位、作用和任务

酒店集团管理是专门为实验班学生开设,由广州大学旅游学院与合作企业共同开发、设计的企业管理课程,属于专业选修课程,对旅游人才的培养具有重要的作用。本课程可以让学生了解酒店集团经营管理的主要观念、基本理论和管理方法,培养学生的集团宏观管理视野,以及运用理论分析、指导实践的能力。

2）课程教学的目的和要求

本课程用大量案例对酒店集团的管理进行了详细的分析和讲解。主要目的是让学生了解现代酒店集团管理的新思维、新方法、新模式,让学生理解酒店集团管理的特点,同时要让学生掌握酒店集团的组织结构和组织管理工作,并能够利用所学知识对企业的实践工作进行分析和研究。

3）课程教学方法与手段

本课程主要的教学方法是案例解析和多媒体教学授课,在企业讲师授课的基础上组织学生课堂讨论,并在课后收集资料进行案例分析。

4）课程与其他课程的联系

本课程是实验班专属课程。本课程的管理基础理论与管理学原理有密切联系,同时是在现代酒店管理概论的基础上进行更专业、更深入的学习。

5）教材与教学参考书

教材:自编。

参考书:Denney G. Rutherford. Hotel Management and Operations [M]. New York: Van Nostrand Reinhold, 1990.

3.6.2　课程的教学内容、重点和难点

第 1 章:酒店集团管理概述

主要内容:以合作企业经营管理的连锁酒店为案例,介绍酒店集团的产生、发展,酒店集团的基本概念,世界酒店集团的发展状况。

重点:连锁酒店的经营管理。

难点:连锁酒店的经营管理。

第 2 章:案例学习《团队管理》

主要内容:酒店组织管理概述、酒店组织管理团队的结构、团队管理方式,集团发展战略、集团发展和壮大的成功因素等。

重点:酒店组织管理团队的结构、团队管理方式。

难点:集团发展成功的因素等。

第 3 章:案例学习《集团网络营销》

主要内容:主要介绍集团网络营销的类型、营销方式、营销控制以及营销效果的测评。

重点:集团网络营销的控制与营销效果的测评。

难点:集团网络营销效果的测评。

第 4 章:案例学习《集团安全及危机管理》

主要内容:酒店集团经营管理中出现的安全事故的类型、处理方法、影响状况等,集团防止安全事故发生而制订的不同类型的预案等管理内容。

重点:酒店安全事故的类型以及处理方式、安全事故的预案管理等。

难点:紧急突发事件的处理方式。

第 5 章:案例学习《跨国经营与比较管理》

主要内容:酒店集团的扩张方式、酒店集团跨国经营以及具备的条件,酒店集团跨国经营与其他企业跨国经营在产品、对象以及寻找目的地方面的比较研究和管理。

重点:酒店集团跨国经营具备的条件以及目的地的选择。

难点:酒店集团跨国经营中的比较管理。

3.6.3　学时分配

教学内容		各教学环节学时分配						采用何种多媒体教学手段
章节	主要内容	讲授	讨论	习题	实践	其他	小计	
1	酒店集团管理概述	8	2				10	PPT
2	案例学习《团队管理》	4				2	6	PPT
3	案例学习《集团网络营销》	4	2				6	PPT
4	案例学习《集团安全及危机管理》	4				2	6	PPT
5	案例学习《跨国经营与比较管理》	4					4	PPT
合计		24	4			4	32	

3.7　"酒店创新研究"课程大纲

课程名称	酒店创新研究		
课程性质	专业选修课	适用范围	实验班
学分数	1	先修课程	现代酒店概论、酒店经营管理
学时数	16	实验/实践学时	0
课外学时	16	考核方式	考查
执笔者	程××	审核者	吴××
制订单位	旅游学院	制订日期	2015 年 6 月

3.7.1 教学大纲说明

1）课程的地位、作用和任务

本课程是专门为实验班学生开设,由广州大学旅游学院与合作企业共同开发、设计的专业选修课程,对旅游人才的培养具有重要的作用。本课程可以让学生了解酒店创新的类型,酒店创新的过程、基本理论和方法,培养学生的创新思维和创新能力,以及运用理论分析、指导实践的能力。

2）课程教学的目的和要求

本课程对酒店创新的实践进行了系统的阐述,主要目的是让学生从合作企业创新活动出发,结合企业文化、发展战略、连锁酒店的经营管理学习企业在发展过程中的各种创新思路,使学生能够结合中国酒店业的环境变化和具体实践,提出具有实战意义的酒店创新思想。

3）课程教学方法与手段

本课程的主要的教学方法是案例解析和多媒体教学授课,在企业讲师授课的基础上组织学生课堂讨论,并在课后收集资料进行案例分析。

4）课程与其他课程的联系

本课程是实验班专属课程。本课程的创新思想和理论与企业经营管理有密切联系,同时是在企业创新理论的基础上结合酒店业进行更专业、更深入的学习。

5）教材与教学参考书

教材:自编。

参考书:

1.德鲁克.创新与企业家精神[M].蔡文燕,译.北京:机械工业出版社,2007.

2.李霞.基于知识视角的酒店服务创新研究[M].上海:上海交通大学出版社,2014.

3.7.2　课程的教学内容、重点和难点

第 1 章:引言

主要内容:酒店经营问题,创新概念、意义和价值。

重点:分析当前酒店经营中存在的问题,提出创新的重要性。

难点:理解创新对解决当前经营问题的意义和价值。

第 2 章:酒店创新的方法和工具

主要内容:创新的方法、创新的来源、创新的特点、创新的主要工具。

重点:以德鲁克创新理论为基础,结合铂涛集团酒店创新实践,分析创新的几种方法、产生创意的来源以及创新中常用的工具。

难点:创新的方法和创新的来源

第 3 章:酒店创新模式

主要内容:顾客体验创新、市场营销创新、人力资源创新、会员发展创新的主要模式。

重点:以合作企业集团酒店创新为例,分析酒店顾客体验创新、市场营销创新、人力资源创新、会员发展创新的思想、影响因素、方法和过程。

难点:酒店不同创新模式成败的关键因素及具体实施过程。

第 4 章:酒店创新未来之路

主要内容:创新与市场需求、创新与信息技术、新品牌创新。

重点:以合作企业的酒店为例分析酒店业市场需求变化、信息技术不断深化应用的趋势、酒店创新的模式、如何通过新品牌创新获得竞争优势。

难点:结合合作企业品牌创新实践,分析新品牌创新的内容和方法。

3.7.3 学时分配

教学内容		各教学环节学时分配						采用何种多媒体教学手段
章节	主要内容	讲授	讨论	习题	实践	其他	小计	
1	引言	2					2	PPT
2	酒店创新的方法和工具	2	2				4	PPT
3	酒店创新模式	4	2				6	PPT
4	酒店创新未来之路	2	2				4	PPT
合计		10	6				16	

3.8 "酒店发展战略"课程大纲

课程名称	酒店发展战略/Hotel strategy		
课程性质	专业选修课	适用范围	实验班
学分数	1	先修课程	现代酒店概论、酒店经营管理
学时数	16	实验/实践学时	0
课外学时	16	考核方式	考查
执笔者	程××	审核者	吴××
制订单位	旅游学院	制订日期	2015 年 6 月

3.8.1　教学大纲说明

1）课程的地位、作用和任务

酒店发展战略是专门为实验班学生开设,由广州大学旅游学院与合作企业共同开发、设计的企业课程,属于专业选修课程,对旅游人才的培养具有重要的作用。本课程可以让学生了解酒店发展的外部环境、酒店战略管理的过程、基本理论和方法,培养学生的国际视野,以及运用理论分析、指导实践的能力。

2）课程教学的目的和要求

本课程对酒店发展战略的实践进行了系统的阐述,主要目的是让学生从合作企业发展战略出发,对酒店所处的竞争环境进行分析,了解未来的市场发展形势及潜力消费人群的行为习惯,学习酒店战略管理集团各业务板块、各事业部和部门的高级管理以及工作的对内对外衔接,使学生能够结合中国酒店业的具体实践构建企业持续竞争优势,提出具有实战意义的酒店战略决策。

3）课程教学方法与手段

本课程的主要的教学方法是案例解析和多媒体教学授课,在企业讲师授课的基础上组织学生课堂讨论,并在课后收集资料进行案例分析。

4）课程与其他课程的联系

本课程是实验班专属课程。本课程的管理基础理论与企业经营管理有密切联系,同时是在企业战略管理的基础上进行更专业、更深入的学习。

5）教材与教学参考书

教材:自编。

参考书:

1. 戴维.战略管理:概念与案例(第 13 版·全球版)[M]. 徐飞,译.北京:中国人民大学出版社,2012.

2. 奥尔森,等.饭店与旅游服务业战略管理[M].徐虹,王妙主,译.天津:南开大学出版社,2004.

3. 邹益民,周亚庆.饭店战略管理[M].北京:旅游教育出版社,2006.

3.8.2　课程的教学内容、重点和难点

第 1 章:酒店经营环境分析

主要内容:分析酒店宏观环境、分析酒店行业环境,剖析自身优劣势。

重点:以合作企业所管理的酒店为案例,通过集中上课形式,了解酒店资源与核心能力、价值链分析、酒店外部环境分析、行业环境分析。

难点:酒店资源与核心能力、行业环境分析。

第 2 章:酒店消费者选择与行为分析

主要内容:酒店战略定位,酒店消费者选择,目标消费者的行为分析。

重点:以合作企业为例,对酒店愿景和使命进行介绍,分析酒店的消费者及其消费行为。

难点:对目标市场的消费者行为进行深入剖析和研究。

第 3 章:酒店发展战略

主要内容:酒店的扩张战略、酒店集团化战略、酒店品牌经营战略。

重点:以合作企业集团多品牌战略为例,分析集团酒店一体化战略、多元化战略、集团化战略、国际化战略的特点、实施的条件以及发展状况。

难点:酒店多种发展战略的实施和管理。

第 4 章:酒店竞争战略抉择

主要内容:酒店竞争理念、酒店竞争地位的选择、酒店基本竞争战略、蓝海战略。

重点:以合作企业的不同酒店品牌竞争战略类型和实施情况为例,分析酒店基本的竞争战略、战略选择的影响因素以及酒店战略选择的本质。

难点:酒店竞争战略选择的影响因素和本质。

3.8.3　学时分配

教学内容		各教学环节学时分配						采用何种多媒体教学手段
章节	主要内容	讲授	讨论	习题	实践	其他	小计	
1	酒店经营环境分析	2					2	PPT
2	酒店消费者选择与行为分析	4	2				6	PPT
3	酒店发展战略	2	2				4	PPT
4	酒店竞争战略抉择	2	2				4	PPT
合计		10	6				16	

第4章 校企协同育人实验班的实施

4.1 实验班的招生

4.1.1 招生范围

酒店管理实验班以广州大学管理类专业学生为主要招生对象。

4.1.2 招生原则

坚持"公平、公正、公开"的原则,采用双向选择的选拔方式,即学生自愿报名与企业选拔相结合的方式。

4.1.3 报名及选拔流程

①企业宣讲,公布选拔流程。

②学生报名,提出自愿申请。

③根据学生申请进行初步筛选,获得笔试名单。

④笔试:报名学生通过网络完成企业的笔试考试,考试合格进入面试名单。

⑤面试:学院和企业对学生进行小组或个人形式的面试,考核内容包括综合素质、心理健康、酒店就业及发展倾向等,最终获得入选名单。

4.1.4　实验班学生毕业与退出

①正式录取的实验班学生须与学校签订协议。

②不能适应实验班教学要求的,可在第三学年上学期校历第 2 周前书面向学院申请退出,学院在 1 周内答复并上报学校备案。

③经批准退出的学生回原专业继续学习。

④第三学年上学期校历第 3 周开始不接受退出。

⑤实验班学生按照《酒店管理实验班人才培养方案》修读相应课程,并按照《广州大学普通本科生学籍管理规定》关于毕业资格的条款执行。

4.2　实验班的成立

4.2.1　实验班的组建

实验班的学生经过系列招生选拔确定。2015 年 6 月,广州大学旅游学院和铂涛集团在广州大学举行实验班宣讲会,参加宣讲会的学生近百人。宣讲会后接受报名,报名学生 59 人。通过个人申请、专业测试、学院和企业两轮面试等选拔后,第一期实验班共招收了 24 名学生,大部分学生来自旅游学院旅游管理专业 2013 级,淘汰率达 60%(表 4-1)。这些学生第一次被安排在铂涛集团的麗枫酒店实习。在此基础上,2016 年 12 月、2017 年 10 月、2018 年 7 月、2019 年 7 月、2020 年 7 月、2021 年 7 月,广州大学旅游学院与万豪国际集团合作,每年组建一个万豪实验班。

表 4-1　第一个实验班招生及报名情况统计表

统计内容	变动数据	说明
宣讲后报名人数	61	包含网上提交和现场填表的总人数
报名次日放弃	−2	未提供邮箱
未参加先之平台答卷	−12	未答题,部分学生已回复经考虑后决定不参加飞航计划
先之平台答卷不通过	−5	可以从答题的认真程度以及内容匹配度上评估
未参加面试	−4	外校 2 位(时间安排),广大 2 位(其中 1 位在填表中途退出)
面试不通过	−13	评估学生的学习主动性、对飞航项目的理解等
其他待考虑	−1	面试请假 1 人(6 月 10 日下午视频面试)
飞航 1 班学员及来源	24	13 级:旅管 12 人,酒管 7 人,会展专业 4 人 12 级:旅管 1 人

4.2.2　实验班的开班

1)团队训练

2015 年 7 月,与铂涛集团合作的第一个实验班开班前一天,为增强实验班学生的团队意识,铂涛集团组织学生在长洲岛举行了一天的户外拓展训练活动。往后的万豪实验班修改为见面会,不再开展外出拓展训练。

图 4-1　"飞航"酒店管理实验班团队训练

2）开班仪式

校企合作实验班是广州大学在建设高水平大学中实施应用型人才培养模式改革的新举措，自 2015 年开始，每个酒店管理实验班都注重开班的仪式感。2015 年 7 月 7 日上午，铂涛集团和广州大学联手打造的校企合作共育人才实验班——"飞航"酒店管理实验班在旅游学院举行开班仪式。出席开展仪式的有实验班 19 位学生，旅游学院党政领导班子及酒店管理系老师、学校教务处等部门领导，铂涛酒店集团人力资源部总监及运营部门经理等。在 2015 年广州大学批准的 4 个试点学院中，"飞航"酒店管理实验班是第一个开班的项目。开班仪式上，还聘请企业人员兼职教授、高级讲师，并由铂涛酒店集团人力资源部总监开讲第一课。2016—2021 年的万豪实验班也举办了类似的开班仪式。

图 4-2 "飞航"酒店管理实验班开班仪式

4.2.3 签订三方协议

既为了保证实验班培养计划的有效实施，又为了确保项目过程中三方的权益，在校企战略合作协议的基础上，合作企业与广州大学旅游学院、学生签订了三方协议。该协议的主要内容有：

1）企业的责任与义务

企业的责任与义务主要包括安排暑期集中学习及酒店实践学习，发放学生暑期实践工作的生活津贴，实施人才培养项目设计，负责课程开发、师资邀请、户外拓展体验式学习、实践补贴及保险等各项费用的支出，负责课程考核等。

2）广州大学旅游学院的责任与义务

广州大学旅游学院的责任与义务主要包括对涉及企业资料及在酒店实践过程中的经营情况及数据的保密责任，学校课程授课场地的安排，设计学生的学分等。

3）学生的责任与义务

学生的责任与义务主要包括对学习资料及在酒店实践过程中的经营情况及数据的保密，认真投入各项课程学习、书籍阅读、实践，在实践过程中应遵守相应规章制度等。

4.2.4　实验班标志

2015 年第 1 个实验班铭牌及徽标如图 4-3、图 4-4 所示。2016 年之后的实验班不再使用。

图 4-3　实验班铭牌

图 4-4　实验班徽标

4.3　第一个实验班的实施

　　2015 年 7 月 7 日,广州大学和铂涛集团共同举办的第一个实验班开班后,开始了集训学习并安排了实践,本节内容为 2015 年 7 月至 2016 年 8 月的实施情况。2017 年之后与万豪国际集团合作的实验班安排类似,不再另述。

4.3.1　第一阶段实践及授课

　　第一阶段的安排在 2015 年暑假,在 47 天的暑期实践中,铂涛集团人力资源部整体安排比较紧凑,主要实践及课程实施情况如下:

1)实践岗位安排

表 4-2　2015 年暑假实践安排

时间	工作内容	地点
7 月 6—31 日	课程及实践方案制订	广大、铂涛
	团队拓展训练	铂涛
	开班仪式	广大
	"酒店文化及品牌"课程	铂涛
	丽枫业务技能培训	铂涛
	A 组前台业务基础实践	铂涛
	B 组客房业务基础实践	铂涛
	飞航班联合拉练	铂涛
	集中回顾	铂涛
	实操考核	铂涛
	第一阶段总结汇报	铂涛

续表

时间	工作内容	地点
8月1—21日	A组客房业务基础实践	铂涛
	B组前台业务基础实践	铂涛
	集中回顾	铂涛
	实操考试	铂涛
	第二阶段总结汇报	铂涛
	报告整理/理论考核	铂涛
	暑期综合报告	铂涛

2）企业课程及授课实施

表4-3　2015年暑假课程安排

时间	课程名称与授课内容
7月6日	开班
7月7日	职场软实习系列课程1——关于目标
	企业文化
	会员体系
7月8日	实践预想——前台客房（案例分析）
	麗枫品牌——前台知识
	麗枫品牌——客房知识
7月16日	前台/客房学习分享——岗位讨论（一）
7月24日	职场软实习系列课程2——学习方法
	前台/客房课题汇报——小组汇报（一）
7月30日	PPT展示技巧
	职场软实习系列课程3——沟通及人际关系
	前台/客房实习总结——个人汇报（一）
8月11日	上午:体验式学习——奇迹塔（初级）/酒店投诉处理
	下午:前台/客房学习分享——岗位讨论（二）

续表

时间	课程名称与授课内容
8 月 19 日	辩论赛:标准服务 & 个性化服务/关于服务意识
	前台/客房课题汇报——小组汇报(二)/《从不竞争》分享
8 月 20 日	《从不竞争》分享
8 月 21 日	酒店投诉处理
	前台/客房岗位讨论及课题确认(分岗位/小组交流/课题)
	体验式学习——奇迹塔(初级)
	《从不竞争》学员分享
	英语小课题

图 4-5　实验班学生在铂涛集团上课(一)

图 4-6　实验班学生在铂涛集团上课(二)

3）学生在第一阶段的表现

飞航实验班第一期招生 25 人,在开班参加第一次班级集训(拓展训练)前,有 4 名学生退出。经过整个暑期的实践,又有 6 名学员退出。第一阶段实践和授课结束后,共有 15 名学生选择留在飞航,这 15 名学生在第一阶段的表现都非常突出,学习和工作的适应能力及主动性比较强,思维方式上都有非常明显的进步。

4）学生上课图片

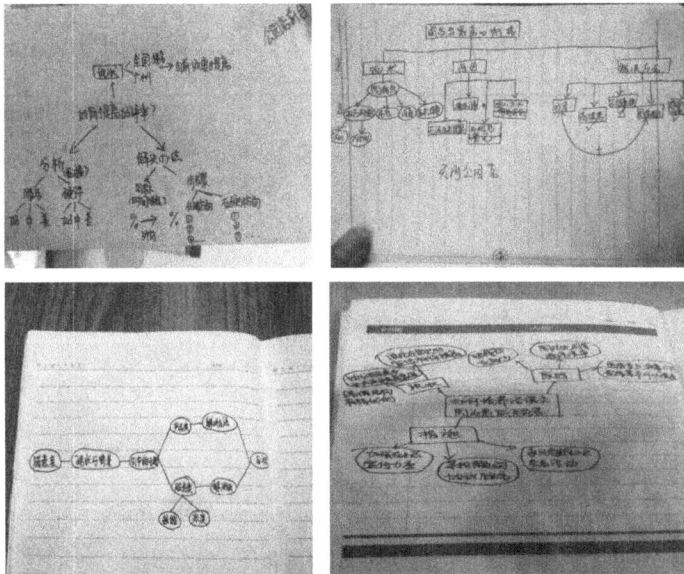

图 4-7　学生上课讨论手稿

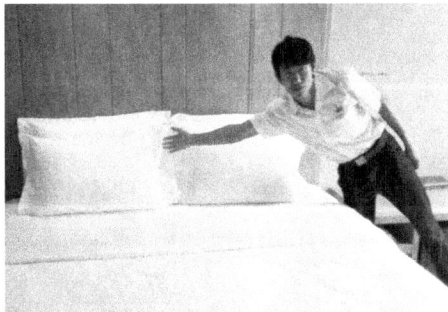

图 4-8　学生在酒店实践(2015 年 7 月)

4.3.2 第二阶段课程安排

第二阶段指第一个实验班 2015 年 9 月至 2016 年 6 月之间的学习与实践。

表 4-4 2015—2016 学年第一学期酒店管理实验班企业课程表

时间	课程	地点
第 1 周	大三开班(学习手册要求、视频课程学习知识点分享,案例讨论)	广大
	英语口语联系/针对交易会	
第 2 周	品牌分享-希岸酒店(产品理念、运营模式、品牌及推广、现场答疑)	铂涛
	品牌分享-MORA(产品理念、运营模式、品牌及推广、现场答疑)	
第 3 周	酒店前厅中层管理要点及案例	广大
	酒店客房中层管理要点及案例	
第 4 周	品牌分享-喆啡(产品理念、运营模式、品牌及推广、现场答疑)	铂涛
	品牌分享-潮漫(产品理念、运营模式、品牌及推广、现场答疑)	
第 5 周	酒店销售管理要点及陌生拜访分享	广大
	酒店安全管理要点及案例	
第 6 周	铂涛互联网——会员忠诚度	铂涛
	座谈会——管培生店长分享(店长的一天)	
第 7 周	酒店服务意识系列课程 2	广大
	书籍阅读分享——《从优秀到卓越》或英语提升培训	
第 8 周	高管讲座	铂涛
	本期知识点考核(含英语)	

表 4-5　2015—2016 学年第二学期酒店管理实验班企业课程表

上课时间	课程内容	上课地点
第 1 周	"连锁酒店筹建管理"课程	广大
第 2 周	"连锁酒店筹建管理"课程	广大
第 3 周	"连锁酒店筹建管理"课程	广大
第 4 周	"连锁酒店筹建管理"课程	广大
第 5 周	"连锁酒店筹建管理"课程	广大
第 6 周	"连锁酒店筹建管理"课程	广大
第 7 周	"连锁酒店筹建管理"课程	广大
第 8 周	课程总结与考核	广大
第 9 周	"连锁酒店经营与管理(上)"课程	广大
第 10 周	"连锁酒店经营与管理(上)"课程	广大
第 11 周	"连锁酒店经营与管理(上)"课程	广大
第 12 周	"连锁酒店经营与管理(上)"课程	广大
第 13 周	"连锁酒店经营与管理(上)"课程	广大
第 14 周	"连锁酒店经营与管理(上)"课程	广大
第 15 周	"连锁酒店经营与管理(上)"课程	广大
第 16 周	"连锁酒店经营与管理(上)"课程	广大
第 17 周	课程总结与考核	广大

1)授课及听课情况

以 2015 年 11 月 10 日下午在铂涛集团授课为例,参与人员有实验班学员 14 人、旅游学院其他专业学生 4 人、旅游学院教师 4 人。授课内容和具体情况: 课程内容有两项,一个是窝趣轻社区杨总介绍窝趣品牌开发、设计与发展运营; 另一个是 MORA 咖啡品牌的总经理介绍 MORA 的理念和发展,尤其是他们关 于 COFFEE BOX 的思路。课程中学生踊跃参与讨论,提出问题与观点,双方充分交流,学生们表示受益匪浅。课程从下午 2 点一直延续到 6 点,下课后,老师们还和 HR 经理进行了深入的交流和探讨,加深了双方的理解和认识。

2)实验班实施的沟通

为了加强与铂涛项目组成员的沟通,提高学生对项目的满意度和忠诚度,学院多次召集铂涛学员们召开座谈会,解决学习和实践过程中的问题。本节以 2015 年 11 月 11 日下午的座谈会为例,参与人员有铂涛班学员 14 人、学院副院长吴水田、酒店管理系主任肇博、班主任程露悬等。老师们首先向学生解释铂涛项目的后期课程安排,以及学生非常关注的大学四年级阶段的安排。介绍完情况后,学生们畅谈了参与铂涛项目的体会和想法。学生一致认为参与铂涛项目是学习的一大收获,项目的安排和收获超出了他们的预期,不仅学到了很多在学校学不到的东西,而且明显感受到学院和老师对他们的重视。学生们对项目表示非常满意,甚至部分学生反馈说"捡到了宝"。有 7 位学生明确表示毕业后会继续留在铂涛集团工作,但是是否长期留下需要观望后期的发展和铂涛集团的安排。另外,有 3 位学生表示他们对铂涛集团非常感兴趣,毕业后也愿意留在铂涛集团,但是他们希望铂涛集团能够开放更多的岗位,以便他们选择自己感兴趣的工作,比如品牌管理、设计、广告营销、企业(非酒店)管理等工作。此外,还有 4 位学生表示他们要观望后期铂涛的课程设置和岗位安排才会决定是否留在这个项目中。老师针对学生们的看法和疑惑进行了解释,并希望学员们能够愉快地坚持下去。关于这次会议,总结以下几点:

①学生们对铂涛的课程设置和实习安排表现出高度的赞赏,对于学院给予铂涛实验班成员的关心和重视表示非常满意。他们当中大部分学生表示愿意留在铂涛集团工作,仅有个别学生表示还需要进一步观望,但是他们对项目同样是非常满意的。

②学生提出的一些要求。希望后期实习和毕业就业时,铂涛集团能够开放更多的岗位给他们选择,毕竟每个学生的兴趣爱好不同,如果能够适当关注他们的个人兴趣,他们留在铂涛集团工作的热情会大大提高。

他们非常关注后期铂涛集团在课程设置和实习方面的安排,希望铂涛集团能够提供更多类似于前期的、有益的、高质量的课程,非常认同铂涛集团前期在实习安排和课程安排方面所作出的努力,他们表示铂涛集团后期的课程安排直接影响到他们对铂涛集团的期望和满意度。

他们希望在大学四年级下学期,能够有 1~2 个月集中的时间完成毕业论文,目前的项目安排是大学四年级下学期,他们要一边在铂涛实习一边完成毕业论文。他们提出:虽然在参与铂涛实验班的过程中,不论是操作能力,还是理论学习,都有了很大的提高,他们甚至明显感觉到自己和其他没有参与项目的学生的差距,这让他们感到非常高兴,但是毕业论文是对大学四年学习成果的综合考核,他们非常希望在论文方面也同样有杰出的表现。为此,学生提出在大学四年级下学期的最后阶段,空出 1~2 个月时间集中精力完成毕业论文的想法。

图 4-9　实验班阶段沟通会

4.3.3　第一个实验班的特点

1)实践学习中重指导

普通高校培养应用型人才最大的矛盾在于教学方式和师资。教学方式单一且偏重理论,师资缺乏行业从业经验,双师型教师不足。与企业合作联合培养恰恰能弥补上述不足,不仅能调动学生学习的积极性,又能解决学校教学的不足和弊端。学校负责学生理论知识的教学,企业负责学生实践技能和服务意识、专业思想的教育。酒店管理实验班充分利用企业资源,从 2015 年暑假开始开展企业课程的学习和实践,铂涛集团周密安排好学习与实践,在旗下的麗枫酒店为每位学生安排了酒店实习岗位,并专门指定辅导导师,定期举行实践学习交流和总结会,让学生在实践中学会思考,在思考中求创新。

2)实践学习中重总结和思考

出于培养优秀酒店管理人才的考虑,铂涛集团不仅为学生安排实践岗位、专人指导,而且对实习实践的内容进行精心设计,下达学习任务,要求学生每天完成学习日志,总结和思考实践中的经验和不足、改进措施。定期对学生进行检查并开展学习交流,开总结会,要求学生上交学习笔记。学习过程中每位学生都积累了一本厚厚的学习笔记。除此之外,铂涛集团人力资源部在学生实践学习中始终进行全方位的跟踪和测评,适时指导学生,让学生们不仅学到了丰富的校外知识和技能,而且对酒店管理及铂涛企业文化都有了深刻的认识和理解。经历了早期流失事件而选择坚守的学生,表现出极高的企业忠诚度。

3)企业课程系统、高效

从实验班暑假教学、实践和课程安排表(表 4-2 和表 4-3)及两个学期的企业课程表(表 4-4 和表 4-5)可以看出,铂涛集团对待工作一丝不苟,严谨且有计划。从企业课程体系上看,不仅考虑了学生的接受程度,而且保证了课程的系统性和高效性,让学生循序渐进,由浅入深,润物细无声地快速学习企业管理、集团管理知识和技能,进而达到快速成长的目的。

4)学院及酒店给予关心、爱心

实验班学校课程结束后,从 2015 年 7 月 6 日起,学生就进入铂涛集团旗下麗枫酒店进行实践学习,其间学院领导及老师都给予了极大的关注、关心和爱心。为了鼓励和辅导学生的学习,指导老师定期到酒店看望、鼓励学生。此外,

2015 年至 2016 年,学院领导、项目负责人、班主任老师给实验班学生组织了多次班会,及时了解学生的学习情况、思想动态,就企业实践和企业课程学习中存在的问题及时与企业负责人沟通、交流,保证学生毫无顾虑、全身心投入到学习之中。2015 年 7 月至 2016 年 12 月,经过一年半的学习和技能岗、管理岗轮岗实践,有 8 名学生提前半年被招聘到就业岗位,酒店集团将按照未来管理层目标继续培养。

4.3.4 第一个实验班实施中的问题与经验

1)对"第一次吃螃蟹"的人的观望

铂涛集团不仅是全国最大的酒店集团之一(2015 年),而且是最具活力和创新力的企业之一。但由于铂涛集团是在 7 天连锁酒店基础上发展起来的,不少学生对其有着明显的认知不足。酒店管理实验班第一次在广州大学旅游学院诞生,未来的发展并不明朗,使很多学生持观望态度,因此初次报名人数虽多,但最终下决心报读的人数有限,这是加大宣传力度必要性的原因之一。

2)人员流失问题

2015 年 7 月,酒店管理实验班开班仪式的在册人数为 25 人,经过暑假的学习和实习,学生们对酒店管理有了比较深刻的认识以及对自身的反思,因此经过暑假实践的洗礼,学生们经过反复思考和体验,最终 9 人退出,实验班流失率达到 36%。截至 2016 年 6 月,实验班在册人数 16 人,并且一年以来非常稳定。该班的流失率远远低于酒店行业现行的流失率,校企双方对此比较满意,合作双方都能正确看待这一问题,不仅没有受到流失率的困扰,反而加大宣传力度和做好本分工作。

3)扩大学生职业发展通道是实验班发展的必然之路

实验班项目的良好发展或者成功之道就是让学校、企业、学生三方面实现共赢,学校获得良好的企业教学资源,企业获得高质量的人才,学生获得快速的成长,而三者之间,学生的成长通道是结果,学校和企业仅是学生进入快速成长通道的过程和方式,只有学生确认自己通过实验班能够进入期望的成长通道,学生才会关注和进入实验班,学校和企业才会有"加工"对象,因此,学校要培养高质量的人才,就必须为学生搭起更多的职业发展通道。

4)学校的支持是实验班发展的重要保障

在广州大学教务处的大力支持下,旅游学院教师获得了到重庆工商大学调研创新实验班的机会,并促进了广州大学旅游学院酒店管理实验班的诞生,也促使实验班得以良好运作。另外,由于企业课程成绩录入有别于学校教学的常规管理,学院根据实际情况制订了相应的调整措施,并得到了学校教务处的积极配合和支持。

4.4　第二个实验班的实施

为了提高校企协同育人的层次,经过主动接触和洽谈,广州大学旅游学院与世界 500 强企业、世界知名酒店管理集团——万豪国际集团开展合作举办校企协同育人实验班,从第二个实验班开始,都由广州大学与万豪国际集团合作开展。2016 年 9 月 6 日,广州大学与万豪国际集团举行校企合作签约仪式并开展第二个实验班授课。并在之后的五年连续举办实验班,每年招生 25 人左右。该实验班的课程和管理模式有了新的改变,主要是授课和合作的酒店扩展到万豪国际集团旗下多个酒店品牌,在实施过程过程中,人才培养方案、课程中的实施单位均为万豪国际集团旗下酒店。

表 4-6　2017 年春季学期实验班万豪企业课程安排

授课项目	课程主题	上课地点
总览课程	万豪国际酒店集团概述	万豪
	给学生的职业发展建议	万豪
	酒店英语学习	万豪
部门管理课程	烹饪	万豪
	宴会	万豪
	餐厅、酒吧和客房服务	万豪
	餐饮部总览	万豪
	餐饮部基础培训	万豪
	服务与客户关系	万豪
	安全及保安	万豪
	安保防损部	万豪
	客房服务项目	万豪
	万豪礼赏	万豪
	房务、操作	万豪

图 4-10　实验班学生在丽思卡尔顿酒店授课现场

图 4-11　2016 年酒店管理实验班开班仪式

图 4-12　指导老师赴企业现场了解学生实践教学

4.4.1　基本情况

2016 年 9 月之后,广州大学酒店管理实验班改为与万豪国际集团合作。从招生人数与酒店管理专业方向学生人数的比例统计可知,2016 年招生 45 人,占比 42%;2017 年,招生 23 人,占比 38%;2018 年招生 34 人,占比 32%;2019 年,招生 32 人,占比 47%,说明校企协同育人实验在持续形成影响力。从 2020 年开始,每届招生人数基本维持在 25 人左右。实验班学生的基本安排是大学三年级在万豪国际集团完成企业课程学习,大学四年级全面进入万豪旗下合作酒店进行实习和其他企业实践课程学习。2020 年以来,虽然受新冠肺炎疫情的影响,但是历届实验班良好的人才培养模式、实战的企业课程,以及有计划、有目标、有效率的实习实践,在旅游学院获得了良好的口碑,每年招生学生报名踊跃,与企业的合作也一直持续。

图 4-13　2019 年第五届实验班开班仪式

为了培养适合行业发展的创新型人才,针对万豪国际集团的特点,合作双方共同开发并更新了企业课程的内容,并将企业课程编写入实验班新的人才培养方案中。企业课程全部安排在酒店授课,万豪国际集团委派具有丰富酒店经营管理实战经验的酒店高管进行授课;同时,在酒店上课也可以让学生较好地感受酒店的氛围,增加对酒店的认知和感受。为了安排好企业课程,每次上课前学校与酒店方需要多次沟通,并在授课方式、授课内容、知识与能力安排等方面达成共识。

图 4-14　万豪国际集团企业课程授课现场

4.4.2　企业课程体系

　　广州大学酒店管理实验班的企业课程是人才培养的核心,在与万豪国际集团合作的过程中,逐渐形成了"多场景沉浸式企业课程"和"多层次进阶式实践课程体系"的人才培养模式。

图 4-15　万豪国际集团安排的企业场景课程

　　"多场景沉浸式企业课程"指在时间和空间上不断让学生沉浸在不同品牌酒店环境中学习企业课程,加深学生对各酒店品牌与服务的认识,激发学生对酒店的热爱。"多层次进阶式实践课程体系"主要体现在实践课程方面,实践课程按照管理人才的培养需求突出层次性,设计了从技能、基层、中层到高层管理的进阶式实践与相应课程。在实践及课程的实施过程中,均全程由学校老师与酒店导师密切配合完成,从而全面解决企业培训少、内容简单、系统性差的问题,也解决了学校课程重理论弱实战的问题。通过 5 年来的实践,充分证明了该人才培养模式的有效性。

1)多场景沉浸式企业课程

场景安排与次数。实验班的沉浸式企业课程在酒店的宴会厅、餐厅、客房等真实场景举行,课程内容和形式具有体验性。大学三年级,直接到酒店开展的企业课程有 12 次以上,同时还提供万豪国际在线课程 12 次以上,这种课程频度及形式使学生除酒店顶岗实习及考试周以外都能持续沉浸在酒店氛围和环境中。如教师在讲到餐饮管理的厨房管理课程内容时,带领学生参观厨房,让学生亲身体验厨师的劳动,在宴会管理教学中,特别安排了越南主题的宴会产品及越南的民族特色服务,以此营造氛围,增加感受,增强学习效果。

企业课程由不同万豪国际集团不同品牌的酒店负责,安排了多个品牌酒店的不同文化场景。在课程实施的全过程中,学生以客人的身份被各品牌酒店接待,增强被服务的沉浸式体验,加深对不同品牌文化与服务的理解。以企业实战的培训教材、案例为授课内容,并且授课师资绝大部分是酒店总经理及总监等具有丰富经验的高层管理人员,加强学生酒店管理综合能力、战略思维的培养,实现职业经理人的培养目标。2015 年以来,企业累计负责课程超过 20 门,全部为合作企业管理层上课。

利用企业的在线培训课程体系,它是企业提供给员工进修学习的内部课程,企业无偿提供给实验班学生学习。铂涛集团和万豪国际集团拥有自己的企业学校,其培训课程涵盖了房务、餐饮、财务、法规、安全、工程等板块,全部实验班学生在企业阶段都有独立的账号可以学习这些课程。丰富的培训课程体系,拓宽了学生的学习空间。

另外,充分利用网络平台,将新技术与传统课堂教学相结合,提高知识传递效率,为学生引进共享的全球课堂。如 2018 年和 2019 年开设了一门国际在线酒店管理课程,讲师团由来自美国、新加坡等国家的外籍教授和万豪国际酒店集团的企业高管组成,学生除了可以在课堂上借助互联网与授课教师现场交流外,还可以在课后与同时在线学习的其他多所旅游院校的学生进行沟通。

2）多层次进阶式实践课程体系

一是改革单一类型的实习安排模式，建立和实施系列实习为支撑的实践课程，实验班的实践课程按照管理人才的培养需求突出层次性，设计了从技能、基层、中层到高层管理的多层次进阶式实践课程，通过不同阶段的安排实现实习岗位的轮岗，这使学生正式进入职场之前，至少经过三个酒店品牌或岗位的锻炼。另外，结合酒店管理影子计划、实际问题分析等灵活多样的方式，开展多样化的实践，提高学生综合素养与专业创新能力。

二是实施企业和学校双导师制，大三的沉浸式学习结束之后，实施"合作酒店提供岗位，学生按意愿双向选择"的方式，学生进入不同品牌的酒店实习实践，企业与学校双导师同时给予指导，配合进阶式实践进行相应的课程学习及毕业论文写作。学校负责的课程采用"送课到酒店"及"访谈疏导"的形式解决学生难以集中回学校和长时间实习导致的心理问题。

通过以上培养，实验班学生及毕业生的表现受到酒店的高度认可和评价。毕业后的同学成长快速，有的学生毕业后不到一年即被提拔为经理。另外，2020 届实验班毕业生在疫情严峻的情况下仍受酒店欢迎，其中有 3 人成为酒店管理培训生。融入沉浸教学的进阶式酒店管理人才培养模式展现了持续的活力，2015 年，作为广州大学首批校企协同育人实验班，与酒店管理校企协同育人实验班同时立项的只有 4 个项目，2018 年广州大学的校企协同育人实验班项目增加到 15 项，2019 年立项增加到 17 项，形成了良好的示范作用。基于本人才培养模式的有效性，万豪国际集团旗下酒店积极参与实验班项目，合作酒店从2016 年最开始的 2 家(中国大酒店、深圳 J.W 万豪酒店)增加到 2019 年的 6 家(新增加的 4 家是广交会威斯汀酒店、广州 W 酒店、天河雅乐轩酒店、粤海喜来登酒店)，大大提高了人才培养的广度，拓展了学生的发展空间。

第 5 章　实验班的成效

5.1　人才培养中的成效

5.1.1　通过创办实验班，提高了人才培养的层次

　　经过多年的探索和实践,旅游管理专业的校企合作从一般输送毕业生和接收毕业生,到达成共识开展校企合作实验班,"校企协同育人实验班"有别于"订单式"培养,紧扣提高人才层次的设计思路,开展了系列工作。"订单班"主要实施层次在高职高专,培养的学生需要在企业就业,而广州大学的校企协同育人实验班采取"严进宽出"的培养标准(进班严格选取,但就业不定向),以提高人才培养层次为主要目的。主要特点有:校企共同制订实验班人才培养方案,引进和利用企业资源开发新的课程,采取面向不同专业招生、严进宽出、双导师制管理的模式,在实验班实施过程中开展教师业界能力培训。在导师制方面,设立由企业和学校老师共同组成的导师组,对每位学生进行全程指导。导师组负责学生的学业指导,检查学习进展,指导学生开展技能实践、研究训练等。同时,导师组还负责加强学生的人生和思想引导,引导学生成为未来旅游业管理精英。

　　通过校企合作和举办实验班,学校与合作企业共同培养了广州大学旅游学

院办学历史上最短时间成为酒店经理的毕业生,毕业后一年多即被提拔为经理。自 2015 年至 2018 年,实验班招生三届,受益企业教学资源培养的学生超过百名。2015 年实验班招收三年级学生 16 人、在企业培养至毕业 8 人,经过一年半的学习和技能岗、管理岗轮岗实践,有 8 名学生完成管理层目标的培养任务,2017 年 8 名学生毕业后全部成为企业骨干,2018 年有 4 人成为合作企业中高级管理人员,从毕业到成为经理仅用了一年时间(一般需要 5 年左右时间)。2016 年实验班招收 23 人、在企业培养至毕业 14 人(毕业半年后已有 3 人成为基层管理人员),2017 年招收 35 人,2018 年招收 36 人。2015 年以来,通过校企合作,学校和企业输送 17 名学生到美国圣地亚哥州立大学和美国品牌酒店开展学习和实习。通过校企合作,专业教师提高了授课水平。2016 年至 2019 年,到企业挂职师资 5 名,其中中国大酒店 1 人、美的万豪酒店 1 人、深圳 J.W 万豪 3 人。

5.1.2 通过校企合作,引进和构建了"三种课程资源"

1)校企共建课程

企业师资授课课程,课程由校企共同设计,由合作企业安排有经验的管理者直接为学生授课。我校通过修订人才培养方案,改革课程设置,更新教学内容。既强调学生基本职业技能的培养,又强调综合能力和创新能力的培养,更强化了实战型的实践教学环节。理论课程包括基础业务、基层管理、高级管理等不同层次的课程模块,这些课程全部由企业派管理者授课,以企业实战的案例为教材内容,加强学生酒店管理综合能力、战略思维的培养,实现职业经理人的培养目标。实践课程由管理基础实践、技能实践、管理中级实践、管理高级实践贯穿两年的梯级实践教学课程体系,实现基本技能到创新能力的培养,并结合酒店管理"影子"计划、实际问题分析等灵活多样的方式,开展多样化的实践,提高学生综合素养与专业创新能力。2015 年以来,企业累计负责课程超过 20 门,全部为合作企业管理者上课。同时,企业提供真实的环境教学资源,主要是企业提供实际经营的环境让学生学习、接受学校教师到企业挂职,如现场接待、宴会等授课场景,教师挂职企业部门负责人等岗位。

2)企业在线培训课程

企业在线培训课程是企业提供给员工进修学习的内部课程,企业无偿提供给实验班学生学习。铂涛集团和万豪国际集团拥有自己的企业学校,具有丰富的课程体系,企业课程涵盖了房务、餐饮、财务、法规、安全、工程等板块,全部万豪班学生在企业学习阶段都有独立的账号可以学习,拓宽了学生的学习空间。以铂涛集团为例,提供给学生在线学习的课程资源有:酒店安全和工程类课程 4门,酒店财务类课程 6 门,酒店餐饮类课程 15 门,酒店法律法规类课程 3 门,酒店战略管理类课程 3 门。

3)集团国际在线课程

本课程是一门创新的全球在线合作共享课程,利用"互联网+"教育的模式,充分利用网络平台,将新技术与传统课堂教学结合,提高知识传递效率,为学生创造共享的全球课堂。由于国际时差的问题,课程授课时间固定为每周三中午。以 2018 年秋季学期课程为例,讲师团由 4 名分别来自美国、阿联酋、澳大利亚大学的外籍教授,7 名来自万豪国际酒店集团的企业高管,以及国内其他高校的资深教学顾问和本校教师合作组成。该课程为学生提供全球视野,清晰的职业生涯发展路径,直面行业精英及行业必需的软技能,最后学生要完成一份逻辑严密的商业计划书并运用行业数据进行行业分析。学生除了可以在课堂上借助互联网与授课教师现场交流,还可以在课后与同时在线学习的其他多所旅游院校的学生进行沟通,2018 年和 2019 年,有 64 名学生完成了该课程的学习。

5.1.3 通过校企合作,实现实践教学的国际化

1)实践教学合作单位的升级

合作企业实现"集团化""国际化",从与单体企业开展合作,发展到与企业

集团开展合作;从与国内知名企业开展合作,发展到与跨国企业合作。在 2015 年之前,该专业的实践教学主要与广之旅国际旅行社、中国大酒店等单体企业、国内企业合作;2015 年以来,除了与国内知名连锁企业经营机构铂涛集团合作外,发展到与万豪国际集团、地中海国际俱乐部等经营多层次连锁企业的国际集团开展合作。

图 5-1　地中海俱乐部大中华区人力资源部经理在广州大学授课

图 5-2　广州大学教师在地中海俱乐部桂林度假村交流

图 5-3　广州大学酒店管理专业骨干教师在万豪全球预订中心交流

2）实践教学区域的升级

从在国内实践教学合作，发展到学生出国实习。2016 年以来，通过与万豪集团和美国圣地亚哥州立大学合作，输送学生到美国品牌酒店开展实习和学习，开启国际化培养通道。

5.1.4　通过校企合作，实现学生专业能力的升级

在校企合作过程中，形成了"赛教结合"教学模式，这是我院多年来形成的培养学生专业能力的有效途径，校企合作指导学生参加行业及学科竞赛、校企共同组织行业比赛，提高旅游管理专业学生的创新创业能力，实现专业能力的升级。

1）企业管理人员指导学生参加技能比赛取得了成效

为了培养学生的策划能力，在 2014 年之前，以学院组织学生参加旅游技能大赛、学校教师指导为主，即主要参加全国商务会奖旅游策划竞赛。2014 年以来，引进多名企业管理人员指导学生开展旅游项目策划，指导学生参加全国性比赛。

2）校企合作，以学生为策划主体举办大型赛事形成了影响力

参加策划比赛，特别是区域性、全国性比赛，学生能得到全方位的锻炼，它包括比赛方案策划、营销、实际赞助商邀请、比赛场地选择与布置、媒体运营等方面。依托校企合作，通过开展旅游策划技能和酒店管理技能比赛，通过建设模拟企业开展管理仿真实践培养旅游职业经理人等，学生项目策划能力得到提高，学生运营管理能力得到培养。2016 年的旅游产品与旅游创意设计大赛，2016—2017 年的研学旅行设计大赛，2019 年的旅游与酒店策划大赛等。这些比赛不仅提高了校企合作的深度，也扩大了国内影响力。

5.2　学生在实践中的收获

学生在企业课程学习和企业实践中获得了与学校学习不同的知识与经历，本节摘取一些学生的毕业实习报告。这个阶段，学生在实验班的学习基本结束，可以在一定程度上反映学生的收获。

5.2.1　学生实习报告之一①

1）实习内容

实习单位为铂涛集团。作为全国乃至全球酒店集团中具有影响力的企业，铂涛集团对员工无论在工作能力上还是在个人品德品质上，要求都非常高。本人实习的部门是酒店品牌部，不仅需要有酒店行业的基本知识涵养，例如需要了解 RevPAR、ADR、出租率等，还要对品牌资产、品牌传播、新媒体运营等十分熟悉。品牌部是每一个企业公司必有的部门，它不仅是帮助一个公司进行战略定位构建、梳理与维护的重要部门，还是负责日常的公关、文案、活动策划等的

---

① 本实习报告为 2017 届毕业生阮颖婷写作，内容有删改。

职能部门。品牌部的工作对于企业来讲十分重要。我在品牌部的工作主要有四大模块,部分工作是项目制。

（1）文案编辑

文案类工作是我的主要工作职能,输出符合品牌形象与定位的文案并传播给消费者与投资人。在过去2个月的实习期内,我负责的文案类工作有品牌新闻稿撰写、案例分析、微信公众号专栏文章发布、活动文案编辑等。刚进入实习部门,因为对企业不是很了解,所以一开始只是通过阅读过往有关品牌的文章来记住一些专有名词和句式,加入自己的了解和对酒店市场的分析,撰写成一篇新闻稿《非繁城品助力酒店市场激活存量》,并且投到各大行业媒体传播。

在工作慢慢上手之后,我尝试编辑酒店成功案例,面向的读者是具有一定经济实力的40—50岁投资者。琢磨了多篇相类似的文章,结合自己的理解编辑并发布到各渠道。日常工作除了公关稿与案例文案的编写,还有一个月一篇的微信公众号专栏文章的发布（辅助分店曝光）。另外还有活动文案的编辑,如在3月中旬到4月上旬根据推广活动撰写了2篇不同风格的宣传文案,深得上司与集团同事的认可,这使我在文案岗位上越战越勇。

（2）活动策划

不仅是文案工作,本人还要负责品牌部的不定期活动策划项目。品牌人不光要拥有流畅、优秀的文案能力,还要具备创意和思维能力,它们可以带动整个品牌的发展,顺应当代年轻人的思维与潮流,使品牌更具市场竞争力。

实习期间有两项策划活动令人印象深刻,其中一个是3月铂涛集团的中端酒店拍摄活动,主要是为了打响品牌在集团内部的名气与收集更多中端酒店项目照片。从开始到结束,作为活动的策划者、执行者与沟通者全程参与该活动,从中学习了不少活动策划的技能。此外,本人还策划并负责了一项"城品带你穿街走巷H5传播方案"的项目,自觉加班加点完成方案,组织相关人员,联系设计师,沟通好所有细节,确保项目能高效运转。实施过程中,我快速地重新进行自我定位,摆脱实习生角色转变成项目负责人,为项目承担责任,冲着结果奔去,尽力落实好每一个流程,使得项目更人性化、可行度更高以及成本更低。把自己置身于项目的中心,是一件值得自豪且颇有挑战的事情。

(3)新媒体制作

灵活运用各种媒体、渠道推广品牌是品牌部的重要技能。深谙传统媒体并玩转新媒体,这是优秀与成熟的品牌人的特性。作为此领域的小白,目前接触最多的便是新媒体——微信公众号与微博。

在实习的第一周,本人便策划了非繁城品的年度微信、微博运营计划,并获得上司的认可。个性化菜单栏的设置、内容的完善、关键词的回复设置以及账号的认证等,都由我一手操办。除此以外,通过 H5 的方式把非繁城品投资加盟手册制作成适合移动端查看的版本,不仅为开发部的同事提供了更广泛的传播方式,更是为品牌后期的推广进一步拓宽了渠道。在制作 H5 的一个月内,首先是根据自己的思路与纸质版的投资加盟手册用 PPT 的形式整理了一版初稿,经过上司的批准后,向设计师提出设计需求,设计师不断地听取反馈修改设计,两周后把终稿确定下来。最后通过 PS 软件设计出完整的 30 页 H5 投资加盟手册,在集团投资加盟渠道与品牌的微信公众号上发布。通过这一次的工作,充分锻炼了我的 H5 实操技能,更多地培养了面向投资者或消费者的 H5 思维,思维与技能更上升了一个层次,是能适应后期不同项目的"金钥匙"。

(4)品牌 VI 管理

品牌 VI(Visual Identity)系统即品牌视觉识别系统,它与企业 MI(Mind Identity,理念识别)系统、企业 BI(Behavior Identity,行为识别)系统共同组成企业形象识别系统——CIS(Corporate Identity System),是 CIS 最具传播力和感染力的部分,是以企业标志、标准字体、标准色彩为核心展开的完整、系统的视觉传达体系,是将企业理念、文化特质、服务内容、企业规范等抽象语意转换为具体符号的概念,塑造出独特的企业形象。品牌 VI 管理是一项非常注重细节和管理的工作,VI 可以是代表了一个企业最表面的视觉效果,消费者首先接触和感觉到的就是品牌的 VI。

第一次接触到 VI 是在校内"管理学"课程的课堂上,当时仅仅简单了解了相关的知识。然而真正进入职场实习后,非繁城品给了我这么一次宝贵的实习实践机会,让我能接触到 VI 管理的工作。日常工作中,本人一直十分仔细、谨慎地控制着公司的 VI,因为对一整套操作流程有点陌生,所以碰到需要动用 VI 的时候都会先咨询上司,判断是否符合正确的 VI 操作,以防造成失误破坏公司的形象。

综上所述,本人的工作是建立在大项目上的碎片化日常事项,也有机会接触到品牌工作的内核,即品牌 DNA 构建。非常感激企业给予了我这个珍贵的学习机会,赋予了实习生很大的自主权。犹记得上级的一句口头禅:"只要你想学,我都可以教会你。"她的孜孜教诲与耐心,让我这个"小白"逐渐成长,并有了自己对品牌工作的感悟。但遗憾的是,我还是发现了该公司品牌工作中存在的不足,例如品牌的活力不够、竞争力较弱,在目前中端酒店行业厮杀的状况中缺乏危机意识与革新的精神,对年轻人的需求把握还不够透彻。不过,仍然坚信未来两年内,在公司全体的一致努力与奋斗下,非繁城品一定会有更出色的表现以及更高的品牌知名度。

2)实习体会

铂涛集团非繁城品品牌部的实习机会十分难得。到目前为止,我仍然在非繁城品的岗位上努力吸收知识与实践。接触到旅游管理专业以外的知识范畴让我既忐忑又兴奋,全新的维度促使自己不断地奋起向上,竭力在品牌岗位上获得成就感。在这两个月的实习期里,每周进行一次总结,回顾一周的任务清单与工作成果。这次撰写实习报告是一个很好的反思机会,回想所有的工作表现,归纳出自身的缺点与优点。

首先谈谈自己的不足之处,从以下几个细点来详细分析:

(1)专业性不强

品牌部文案岗位的专业要求是新闻学专业或是文学专业。品牌部文案岗位的主要工作是写稿与策划,专业性、针对性都很强。除了要有扎实的文学功底以外,文字的敏感度、逻辑的缜密性还有传播学的基础知识都要掌握。旅游管理专业的学生很少接触到系统的品牌知识与文学培训,在专业性上显得有些业余,因此,在工作上需要经常请教上级,虚心接受别人的指教。

(2)效率较低

目前自己的状态仍然在不断调整当中,在大学里养成的拖延习惯仍然会反复出现。在日常的任务中,事项分为紧急重要、重要不紧急、紧急不重要以及不紧急也不重要四种类型。在面对紧急重要的事项时,能高效地完成,防止自己拖慢工作进度。但面对着重要不紧急的事情时,自己的效率会变低,拖延症发作,把事情拖得较久。例如,负责的招商加盟 H5 花费了接近 1 个月的时间,包括不断地修改与调整。虽然到最后也没有超出原定时间完成,但深刻地意识到需要提升自己的效率,戒掉拖延症。

(3)害怕修改

实习的主要工作是编辑文案,经常需要用文字表达品牌的内涵,修改内容的次数也很多。每次提交初稿时,内心都希望一次性通过,可自身的作品与水平根本未到达这种程度。因为担心要反复修改内容,所以在修正文案的过程中总是不自觉地感到十分烦恼。就这个问题,上级曾与我真诚地沟通交流,她希望我能脚踏实地地做好每一件事情,不要急躁,无论是对修改的过程还是往后晋升的职场生涯。她以自身的经历为例说明犯错并不要紧,最重要是肯改,每一个人都有不成熟、犯错、不足的时候,但给予自己一个目标与过程,慢慢成长,这样的路才是踏实的,不会在高处跌得更惨。上级以朋友的身份与我分享和交流,让我大受鼓励并端正修改的态度,一次又一次地获得进步。后来经过了多次项目的磨炼,更能深刻体会到修改并不是否定自己的优点,修改是一个很正常的过程,任何人都需要有知错就改的责任感与良好的心态,逃避修改或盲目自大是一种错误的态度。

在看到上述不足后,我会反问自己:别人重用、肯定你,那你一定会有不少的闪光点。在实习中我有什么优点呢?以下是自己的总结:

（1）尽责尽心

对待每一份任务，都会尽心尽力地完成，尽可能地动用自己多维度的思考把事情做得更完美些。把工作当作生活的一部分，这是我目前的状态。本人并不认为这是工作狂的表现，反而觉得这是作为实习生的最好状态，在生活中不断琢磨任务的可行性与改进之处，最后能快速进入工作状态把任务细节给调整好。不断的努力使我能解决上司布置的一个又一个任务，也通过勤奋把自身的不专业弥补回来。例如，购买品牌、文案相关的书籍丰富知识体系，定期写日记记录生活中的美好和市场观察，多与上级沟通，学习其丰富经验。

（2）敢于发表意见，不愿做一颗"螺丝钉"

许多人对实习生的印象就是一个在公司默默无闻地干着最低等、最琐碎事情的人。实际上，这是一个"刻板印象"，现在越来越多有个性、有想法的 90 后成为了企业的重要人物，有创意的想法、脑洞大、有责任心、敢于不同的特征使他们在企业中大放异彩。我认为自己也是如此。在非繁城品实习，公司的组织结构相对扁平化，上级与下级之间的关系较不明显，大家可以各抒己见。作为一名实习生，对公司现有的产品、发展模式也有自己的看法，通过思考和反复阅读新闻后，我向上级提出了对公司发展的建议。作为企业的一员，我有责任与它共同进退，要敢于发现公司存在的问题并提出来，而不是只把实习当成工作，认为公司的名誉与发展与自己毫无关系。我希望自己在公司的作用是值得肯定的。

（3）虚心请教，学而不止

在实习过程中，遇到的同事都是我的前辈，他们都有值得学习借鉴的地方。例如上级的理智与逻辑能力、丰富的品牌工作经验，人力经理的细心细腻、温润如玉，服务经理的综合能力、数据整理能力、严谨的管理能力等，都是值得提炼、借鉴的。在请教他们时，我会用虚心、尊敬的态度，不急躁、不狂妄，认真地吸收他们的经验，并牢牢记在心里。

实习只是人生短暂的一站，是职场生涯的开端，我们应该好好珍惜这段简单而充实的经历,在实习中戒掉浮躁,沉淀实力与底气,把实习当成职场"工地"上的一个稳固地基,慢慢地盖成一座高楼大厦,在成长的道路上越走越远,实现自己的理想。在接下来的实习中,我会继续保持高涨的热情与积极的态度,在铂涛集团中厚积自己的能力。所谓"路遥知马力",我希望自己能做一匹踏踏实实、不知艰辛只知勤奋的"马",踏出一片天地,在品牌部发挥自己的作用。

5.2.2　学生实习报告之二①

对铂涛的认识开始于 2015 年 6 月 2 日广州大学举办的"飞航计划"宣讲会。申请加入飞航的时候,心里其实很没有底,不知道会是一个怎样的管培项目,也不明白它的运作模式、更不清楚自己可以做什么。回想当初,真的很庆幸自己愿意尝试,做出了加入的决定。成为飞航一员后,陆陆续续有先之网络课程、西点军训、暑假丽枫实习和大学三年级一整年关于酒店管理的课程学习。现在一年过去了,回顾这一整年,将现在的自己和一年前的自己进行比较,可以明显地看到自身在心智、思维、知识广度和深度等很多方面都有了很大的提升。

1)酒店专业知识和能力的提升

与学校的理论学习不同,铂涛课程都是由资深的管理人员通过总结自己丰富的经验授课。"窝趣和 MORA 品牌介绍""酒店营销"和"收益管理"等课程是对酒店专业知识的大力补充,通过密集课程的学习和多次实习的锻炼,自己不再是酒店行业的"门外汉"了。另外,"中层管理的那些事儿""中层酒店管理""互联网思维下的人力资源"等专题课对我也有很大的启发:从前都是用很狭隘的、笼统的目光去看待事情,如今会以更开豁的思想、视野去思考。就中层管理和人力资源而言,以前会用处理人、事、物和招聘培训等很笼统的字眼去避过应有的、深层次的思考,但现在意识到"是什么"不重要,知道"怎么做"才是能力!既要懂得大道理,也要注意小细节。一年的课程下来,自己不仅在具有实践性的专

---

① 本实习报告为 2017 届毕业生欧丽影写作,内容有删改。

业知识上有很大的补充,而且学习能力、思考问题的方式也有了很大的提升。

2)框架思维能力的提升

框架思维能力是我的一个短板,也是自己一直很想提高的一种能力。整个飞航培训下来,最深刻、收获最大的是框架思维能力的提升。老师跟我们分享怎么使用思维导图、甘特图等工具,怎么用PPT更好地展示内容,怎么清晰地讲述一件事和应有的逻辑等。这一年以来,明显地感觉到框架思维能力有了很大程度的提高,但也存在进步的空间,因此我会一直在这方面努力学习!

3)心智上的提升

最近一次的酒店实习对即将毕业的自己启发很大,心态变得更加务实了,更加注重做好每一件"小事",更加耐心地思考和学习,不像之前那样轻狂与焦虑了。每天都会不断地反思、调整自己,认清自己和别人的差距,不断地努力和调整自己的方向。经过在学校和铂涛的学习与锻炼,在专业领域上已经能够掌握和思考酒店管理的整体框架,在财务会计与审计上阅读了大量书籍并熟知专业术语,在综合能力上做到正确认清自己、不断学习实现自我飞跃,适时调整自己的定位及方向。这些有益的改变归功于自身的不懈努力,当然也得感谢给飞航班授课、组织筹划的老师们。

5.2.3 学生实习报告之三①

毕业实习单位是广州丹诚酒店管理有限公司番禺分公司(麗枫酒店广州高铁南站石壁地铁站店),麗枫酒店的其中一个加盟分店。麗枫酒店是铂涛集团旗下一个以倡导自然自在的生活哲学,主推舒适体验的中端酒店品牌,于2013年7月17日推出创建,截止到2017年3月底全国开业数已达到200家,签约数达到500家,不到4年的时间仅以开业数量算已达到国内中端酒店的行业前三。过去十年酒店行业是经济型酒店的天下,如今在"互联网+"时代和酒店转

① 本实习报告为2017届毕业生陈小梅写作,内容有删改。

型升级背景下,中端酒店是未来酒店业的主流,而丽枫酒店是抓住这一形势应运而生的,其发展成功也有很多值得中端酒店借鉴之处。中端酒店相对于星级酒店来说比较简单,却抓住了消费者的核心需求,发展潜力大,对人才的需求也大,也能够帮助我更快地实现职业生涯目标。

1)实习内容

这次实习的岗位是前台接待,有别于岗位细分的星级酒店,中端酒店的前台接待包揽了前台、礼宾、电话中心、销售部、商务中心的功能,不同的班次工作内容有所侧重,本文将从早班、中班、夜班三个班次来说明实习内容。

首先是早班,早班的工作时间是早上 7 点到下午 3 点,主要工作内容包括办理退房、开发票、询问客人入住感受、高铁送站、催退、预订、接听电话、打扫卫生等。以下详细地描述各项工作内容:

(1)高铁送站服务

酒店免费提供往返高铁站的接送服务,但座位有限,并非全部客人都能享受这项服务。早班员工必须按照预约的时间,提前通知客户退房,有序地安排客人上车。遇到座位不够时,要做好跟未预约客户的解释并提供解决措施。另外,与外包司机保持密切的沟通,提醒司机准点到达以及保持良好的服务态度。

(2)退房续房服务

委婉催促超时退房的客人,避免客人产生反感。提醒办理续住的客人缴纳房费。适当满足延迟退房的需求,巧妙索取顾客的好评。退房是早班最主要的工作,不仅仅是收房卡退押金,做好这些只能成为一名合格的员工。然而作为一位优秀的员工需要更多关注客人的入住感受,及时收集客人的意见并做好反馈,发展会员及忠诚顾客,赢得客人的好评消除差评,让客人对酒店留下一个好的印象。

(3)预订服务

目前酒店除了直连订单外还有很多线下的 OTA 订单。早班员工应迅速确认 OTA 订单,减少客人的流失。及时在 PMS 系统上做预订,细心地关注每一项预订信息,不然房态紧张时漏做订单容易导致爆房现象。

(4) 接听电话服务

这项工作看似简单,但做细了才发现它是一项技术活。电话服务的内容包括客户的咨询、预订、OTA 订单确认、总部电话抽查。如何做到让客人感受到真诚、耐心、热情而对酒店留下良好的印象,如何抓住机会不放过每一个打电话来预订房间的客人,在价格、房型、位置或者某项服务暂时不能满足客人需求时如何让客人仍然接受预订,如何快速地确认 OTA 订单,如何应对总部突击抽查,如何简明扼要地用最少的时间把话说清楚,以上的情况都需要运用接听电话的技巧。

(5) 卫生清洁服务

我们要搞好本班次的卫生,为下一个班次的同事营造一个良好的工作环境。另外,还要查缺补漏,补齐上班需要的货物及材料。这是对员工基本素质的考验,也是一个打造良好工作氛围及赢得同事认可的工作细节。

其次是中班,中班的工作时间是下午 3 点到晚上 11 点,主要工作内容包括办理入住、高铁接站、房态控制、销售服务与客情处理等。详情见以下内容:

①办理入住服务。这是中班的主要任务,也是与客人面对面接触的第一个环节。除了快速、准确地办理好入住外,更重要的是察觉客人的内在需求。巧妙转化 OTA 订单,及时处理异常情况,给客人留下良好的第一印象。

②高铁接站服务。早班负责高铁站的送站服务,中班主要负责高铁站的接站服务。到站前要完美解答客户的咨询,到站后要及时接待。一旦出现客人同时到站的情况,则需要合理地安排好,一方面跟客人解释清楚,另一方面安排司机尽快接送。当客人找不到接送站点时,中班员工需要耐心地做好指引工作。

③房态控制。房态控制是收益管理的一个重要环节,当房态紧张时对非担保订单要及时催促预订。在保证满房不爆房的前提下选择不同处理方式,是前台自主售卖、关掉 OTA 渠道,还是继续把渠道打开或是做超预订,这关乎房态控制的管理。订单跟进是房态控制的一个环节。订单分为担保订单与非担保订单,非担保订单有一定保留时效,对不能按照保留时效内到达的客人要妥善处理。

④销售服务与客情处理。销售不仅仅是销售部的事情,前台同样承担着销售的功能,电话预订、OTA 订单转化、会员卡售卖、增收商品的售卖都是中班与销售的工作职责;客情处理不仅仅是服务经理的事,也是每一个前台员工的事,中班员工要关注客人的情绪,发现客人有潜在不满情绪时要及时处理,出现不能处理的较大投诉时要及时报告。

最后是夜班,夜班的工作时间是晚上 11 点到早上 7 点,主要工作内容包括办理入住和退房、销售、夜审、报表登记和财务等。这是一个合格的员工才能胜任的工作,夜班只安排一个人值班,遇到任何事情只能独立处理,工作量虽然较少但工作内容却很重要。想要做好夜班工作,并不是一件简单的事。在没有满房的状态下,夜班要承担起销售冲刺的责任,不放过每一个进店问价或电话预订的客人,以合适的价格把合适的房间卖给顾客。夜班还有一个重任就是负责夜审,要做好房价核对与调整、担保未到订单的确认、财务的核对等。夜审过后,要打印、登记、发送报表。在此之后,要准备好退房的事宜。

这就是丽枫酒店前台接待的实习内容,也就是各个班次的主要工作。当然,还包括每个班次都需要执行的丽枫的标志性服务、点评、公寓管理等。

2)实习体会

作为旅游管理专业的本科生,视野不能仅仅只停留于前台接待这个角色,应更多地从管理者角度出发去观察、学习、处理问题,这样才能更好地做好预防、处理以及反馈。在实习过程中,除了做好基本的岗位工作,更多地关注酒店的服务、销售、OTA、人事、收益管理以及点评管理等。服务包括标志性服务的标准以及执行,利用酒店现有的每一寸资源给客人提供个性化的增值服务以及学习如何预防、处理客情。销售包括会员卡的销售、丽享家增收商品的销售以及房晚的销售。OTA 包括 OTA 的来源、结算方式、排名方式、佣金比率、OTA 订单的转化、房态控制等。人事包括人员的招聘以及招聘渠道的优化、培训、考核、薪酬、排班、人员的培养等。收益管理包括渠道的来源及优化、定价、竞争对手状况、超额预订等;点评管理包括点评分数、点评回复、差评处理等。上述涉

及的工作内容较多,这里就不再一一展开,以下将从收益管理及点评管理两个方面提出自己的看法:

第一,收益管理。主要思路是针对分店的实际情况提出六种收益管理的方法。循势涨价升法:根据预订情况及时调整门市价;价值提升法:布置浪漫房型,让房间更有价值;渠道优化法:支持最优渠道,减少劣质渠道,包括散客渠道、官网渠道、销售部渠道以及 OTA 渠道间的优化;超额预订法:根据实际调整超额预订率,预先想好应对超额爆房的方法,要注意提前电话联系客人、考虑优先担保订单等;升档销售法:在开房率不高时,有偿(付费)升级,想方设法让房间获得最大收益;捆绑销售法:这涉及捆绑什么以及何时捆绑的问题,可以参考节假日捆绑水杯及会员卡礼包,钟点房捆绑玫瑰花及会员卡礼包,情人节捆绑玫瑰花、巧克力、红酒,圣诞节捆绑苹果,平日捆绑洗护用品等。管理的方法多种多样,重要的是运用得当,在任何时候都要想方设法地提高业绩并增加酒店的收益。这对一个分店来说,业绩就是尊严。

第二,点评管理。从事前、事中、事后三个方面提出对网络点评管理进行监控。在客人与酒店接触的整个过程中,设立专人负责事前、事中、事后的预防,减少差评的产生,赢得更多顾客的好评。

事前:指客人到达酒店之前。提前了解分店自身存在的优劣势,找出容易导致差评的因素,位置、设施、噪声、异味、网络或其他因素,对此员工要了然于心。服务经理或者主管要提前致电预订的客人,在不影响选择酒店的前提下委婉告知客人酒店存在的小问题,让客人知晓以获得谅解,稍微降低客人的期望值,反而能够赢得客人更高的满意度,也更能拉近酒店与客人之间的距离,让客人感受到酒店的诚意。

事中:贯穿客人入住酒店的过程。应该在酒店设立一个服务热线,这个热线由服务经理或者主管负责接听,主要用来解决客人入住过程中遇到的一切问题。热线号码可以印在房卡套等明显的地方,也可以放置在房间的显眼处。在客人办理入住的时候,前台员工告知客人,如有任何问题第一时间拨打服务热线。对于客人提出的需求,酒店方应尽量满足以赢得客人的好感。对于客人提出的不满,酒店方应立刻在店里为客人解决好,而不是让客人把不满发泄到网络上,进而影响酒店的声誉。这样的做法,不仅能有效地预防差评还能增加好评。

事后:指客人离开酒店之后。在不打扰客人的前提下,服务经理或主管应在客人离店的当天打电话进行回访,询问客人入住感受以及满意度。遇到客人提出不满的情况,必须致歉并安抚客人。请求客人谅解并给予酒店改正的机会,及时阻止网络上的差评。遇到客人表示一切满意的情况,应向其表达感谢并提醒客人在网络上留下好评。

分店的人手不足、工作量大、"三班倒"三大问题容易令人产生疲惫感、厌倦感。对此,我一直坚持锻炼、坚持阅读,挺过了这段艰难的时光。心态上,学会以一个社会人的身份面对工作,始终以一个学生的心态保持对学习的热情;意识上,实习期间碰到很多问题与困难,引发自己的很多思考,包括对大住宿业、整个酒店行业、麗枫以及职业生涯的思索;实践上,既然自己已具有一定的专业理论知识,不要丢失也不能忘记这个优势,在日后的工作中多看书、多思考,运用理论解决实际问题,更好地理解以及丰富理论知识,形成独特的见解,进一步增强实际问题的解决能力。当然,在实习的过程中犯过不少错误,我也一一记录下来,认真地分析、改正。最后,我要感谢同事们以及上级的体谅与包容,往后会一直抱着一颗"不忘初心,方得始终"的心接受一切,继续砥砺前行,在酒店行业扎实播种、继续深耕,希望能闯出属于自己的一片新天地。

5.2.4　学生实习报告之四①

1)实习概述

(1)实习目的

酒店集团管理实习,是大学四年级学习阶段的一个实践课程。学生通过实习,将大学四年所学的专业理论知识转为社会实践,在社会实践中检验四年的理论学习成果,从而进一步加深对理论知识的理解。此外,通过社会实践,可以

① 本实习报告为 2017 届毕业生曾穗敏写作,内容有删改。

了解旅游业的发展状况、行业动态以及行业未来的发展方向,提高自身的行业专业素养,为今后正式步入社会打下良好基础。同时,通过实践学习,可以培养自己的工作能力,接触不同社会背景、不同文化背景的人,从而提高自己的合作能力以及待人接物能力,全面提升自己,丰富自身的见识,提高对已学知识的认知程度,学习从一个学生转变为一个职业人,进一步了解社会,为今后离开大学校园步入社会打下坚实的基础。

(2)实习意义

酒店集团管理实习,有助于在实践中检验四年所学的理论知识,学习将理论知识应用到实际工作中,进而深化对理论知识的认知和理解。此外,酒店集团管理实习有利于我们了解行业动态,在实际工作中提升自己的专业素养,提高工作能力和解决实际问题的能力,历经从一个学生到职业人的转变,有利于我们今后更快、更好地融入社会,为社会贡献自己的一份力量。

(3)实习公司概况

铂涛集团是重视创新、富有创新影响力的中国企业之一。希尔顿欢朋是希尔顿全球旗下最大的酒店品牌,成立于 1984 年,位于美国孟菲斯市。其后的三十多年来,希尔顿欢朋快速扩展业务,目前已成为全球最大的国际酒店品牌之一,在 20 个国家(包括美国、加拿大、俄罗斯和德国)拥有 2 200 多家酒店。2014 年,希尔顿全球与铂涛集团签订了独家战略合作协议,铂涛作为品牌合作活动方,全面负责希尔顿欢朋酒店在华市场的开发和运营,成立了“希尔顿欢朋(中国)”,即希尔顿欢朋正式进入中国中端酒店行业市场。截至 2017 年 3 月,希尔顿欢朋在中国已经实现超过 110 个酒店项目的签约,已开业酒店 10 家,在行业内连续三年获得了星光奖、中国最受欢迎中档酒店国际酒店品牌、中国最具投资价值中端酒店品牌等奖项。在 2017 年全球最有价值 50 个酒店品牌的榜单中,希尔顿欢朋排在了第 7 位。

2)实习内容

在希尔顿欢朋(中国)总部的品牌部实习近半年,我的主要工作是负责自媒体宣传、媒体监测以及协助经理跟进招商会、锦江展会以及新品发布会的活动事宜。在正式进入公司前,我在广州珠江新城希尔顿欢朋酒店实习了一个星期,分别在客房、前厅以及餐饮部轮岗,对酒店的品牌调性、特色酒店产品以及服务文化有了一个初步的概念。在实习过程中,我了解到品牌部作为一个区别于其他竞品酒店的核心部门,要基于品牌的调性,对酒店的特色产品及服务文化进行各种形式的品牌展示、宣传,以形成一定的品牌口碑。

希尔顿欢朋(中国)是希尔顿全球与铂涛集团进行战略合作的产物,即希尔顿全球"委托"铂涛集团作为希尔顿欢朋这个品牌在中国的酒店管理方,基于希尔顿欢朋的品牌规范,融入中国本土元素,使其适应中国本土市场。因此,希尔顿欢朋(中国)品牌部的日常工作就是品牌规范、品牌监测以及品牌传播。品牌部主要由品牌经理、公关经理组成。此外,还有外包的设计师以及自媒体运营公司负责日常的设计宣传工作。品牌经理主要负责品牌规范和监测,即检查和监督分店在品牌传播这一方面是否符合规范,包括品牌 Logo 的颜色、字体、图形的样式等,均要进行维护监督;公关经理主要负责新闻媒体的发布和宣传,维护公关形象,包括网络舆论监测、新闻发布、制造公关事件等;而外包的设计师则负责一般的宣传物料设计,包括宣传海报、单张、品牌周边产品的设计等;外包自媒体运营公司则负责提供微信公众号的技术支持和推文撰写。部门日常工作往往是以活动事件为首。

3)实习体会

在近半年实习过程中,我收获、成长了不少,具体总结为下列三点:

①在行业认识方面,深入了解中端酒店行业目前的发展状况。随着中国中端酒店市场的飞速发展,越来越多的国际中端酒店品牌开始进驻中国市场,投资者们也逐渐把目光放在了品牌知名度较高、口碑较好的国际中端酒店。加深了对铂涛集团的管理现状以及中端酒店行业深层次的了解和认识,提升了自身的专业素养。

②在企业经营管理方面,大致了解铂涛集团和希尔顿欢朋的运营管理。在

铂涛集团学习、实习的一年半中,真真切切地感受到了铂涛对人才的重视,集团重视人才的培养,注重学习能力。正如行业内人士对七天学院的评价——"铂涛集团的七天学院就是酒店行业的黄埔军校"。铂涛集团每年的校招项目,包括持续运营十期的飞翔项目、管理层的远航项目、高管的赛艇学习以及集团日常公开的交流学习分享会,透过这些足足可以看出这个集团对人才培养的重视。正如铂涛集团的企业文化中提倡首选"合适的人",再考虑岗位匹配度。企业之所以这样提倡,是因为"合适的人"具有热爱学习、学习能力强的特质,他们可以通过后天的学习获得技能、提升自身工作能力。因此,铂涛十分看重员工的学习能力。一个成功的企业就要懂得帮助员工实现全面发展,不局限于个别岗位,从而降低人力成本。一个成功的企业更要发掘内部人才并提拔至管理层,形成忠诚度极高的管理团队。而铂涛,就是这样的一个公司。在铂涛,不难发现一个员工往往可以胜任多个岗位的工作。铂涛通过培养自己的员工,提升他们的工作能力,从而实现企业与员工的双赢。

③在个人发展方面,自身的工作能力、解决实际问题的能力、分析比较产品的能力得到提升。工作中,经常面对不同的困难,如供应商业务上的阻碍、公司内部的流程问题、自身的工作能力不足等问题,在学习处理这些突发状况和解决困难的过程中,进一步地提高了工作能力。工作中,也需要与各式各样的人协调、沟通,如公司外部的供应商、设计公司的合作对接人、品牌的推广合作商家等,以及公司内部不同部门的同事等。通过接触不同工作、不同业务范围的合作伙伴和同事,在一定程度上提升了团队协作以及待人接物的能力。

总而言之,在这次的酒店集团管理实习中,我成功实现从一名学生变成职业人的蜕变,收获了很多宝贵的工作经验,提升了自身专业素养,见识了行业的新动态及行情,更领悟到"学习永不止步"这个道理。未来,我会继续奋斗,注重全方位发展,始终积极投身于旅游业。

5.2.5　学生实习报告之五①

1）实习目的

第二次专业实习,是一项更加深入地了解酒店不同岗位的工作日常、酒店业的运营模式、酒店行业的盈利模式和发展规律的实践活动。通过针对性的学习与实践,有利于充分理解、吸收课堂上的理论知识和真实案例,增强对专业的了解和认识、增强学习的兴趣和专业自豪感;有助于在真实的酒店工作环境中发现自己的不足和认识自己的优势,为将来的职业发展规划做好实践基础。同时,这次专业实习对我们了解社会、接触实际职场、加强劳动观念、培养动手操作能力和理论与实践相结合的能力也有着很重要的意义。

2）实习单位

广州广交会威斯汀酒店由中国对外贸易中心(集团)和喜达屋酒店与度假村国际集团携手打造,位于享誉全球的广州国际会议展览中心的展馆中央,坐拥著名的广州国际会展中心及诸多享誉世界的文化景点,可在此饱览壮丽迷人的城市天际线和珠江美景。酒店拥有 325 间现代客房及套房让客人安享天梦睡眠、焕发活力,所有客房配备天梦之床及天梦之浴、纯平电视、高速上网接入等,为客人带来放松身心、焕发活力的完美住宿体验。酒店拥有 10 个多功能会议厅,总面积超过 2 800 平方米。酒店的知味西餐厅、中国元素中餐厅、日式餐厅,大堂吧提供品种丰富的营养菜式及饮品供客人选择。威斯汀天梦水疗让客人的身心恢复活力,室内恒温游泳池及花园环抱的户外网球场,也是客人领略都市惬意的绝佳场所。酒店是唯一可以通过空中连廊到达广交会所有展馆的酒店,大大节省了参展住客的宝贵时间。

3）实习要求

要求学生依据实习任务,认真学习实习大纲,提高对实习的认识,努力做好

① 本实习报告为 2020 届毕业生朱文惠写作,内容有删改。

各方面的准备;遵守酒店的各种规章制度和相应的劳动纪律;努力工作,积极完成实习单位指定的工作任务,虚心向老员工学习;了解与认识酒店服务的具体工作和企业的运作特点,熟练掌握某一岗位的服务技能,了解相关服务工作的流程、规范以及各个环节的具体要求和相互衔接,了解相关服务岗位、部门之间的沟通与工作协调。同时,能进行总结与提高,收集相关资料,认真完成实习报告。

4)**实习内容**

这次实习的时间是第 125 届广交会期间。实习酒店是广州广交会威斯汀酒店,工作岗位是广交会咖啡廊的服务员。广交会咖啡廊隶属于餐饮部下的宴会服务部,是第 125 届广交会新设的一个小部门。广交会咖啡廊有两个:一个在广交会 A 展馆,另一个在广交会 C 展馆。咖啡廊实际是集装箱式设计的咖啡便利店,座位总数大约 120 座,产品主要有机打咖啡、三明治、面包、热狗、曲奇和冷饮等。产品价格与市场相比较贵,咖啡的价格在 40~50 元;面包饼干的价格在 15~30 元;热狗的价格因工艺做法不同而价格不同,包装好的热狗价格是 15 元,烤箱现做热狗的价格是 60 元;饮品的价格在 10~25 元。

实习的地点是在 A 展馆的咖啡廊,主要工作职责有制作咖啡、出品服务,偶尔会替补收银岗位。由于咖啡廊和展馆的条件限制,我们上的都是直落班。广交会第一期的上班时间是上午 8 点到下午 6 点,一般都是 10 个小时左右。经过我们的反映,第二期之后,店长做出了调整。上班时间调整成一天 8 个小时,从上午 9 点半到下午 5 点半。

咖啡廊的员工包括正式员工、长期实习生、短期实习生和帮工。其中,我们 A 馆的咖啡廊有一位店长、两个正式员工、一个长期实习生、五个短期实习生以及一个帮工。咖啡廊日常运营的工作包括收银、制作咖啡、出品、制作热狗、收拾外场桌面五项工作。从日常运作需求来看,咖啡廊的人员配置显得过于冗杂了。

店长是餐饮部的小部门经理调派出来管理咖啡廊的。店长的职责是统筹、协调咖啡廊的日常运营,包括排班调休、库存管理、菜单管理、收益分析、处理投诉、培训店员等。其余员工则负责进货补货、开档收档等工作,并且轮流负责咖啡廊各个岗位的任务。早上 8 点半开始准备开档,开档的工作包括打开"集装箱"的窗、更新收银系统、到供货集散区取当天的订货、补齐橱窗的面包和饮品、打开胶囊咖啡机等一系列工作。早上 9 点钟正式营业,下午 5 点半左右收档。收档工作首先是打印当天营业报表并且把账单上的交易逐项与流水进行核对,然后点清账目,确保没有任何差错才能把报表交到财务部。这项工作是由店长和一位正式职员来完成的;收档工作还包括清洗咖啡胶囊机,清洁咖啡廊内部设施设备,清扫内部和外场地面,关闭收银系统,关掉集装箱窗口等一系列工作。

第一期广交会展出商品主要是机械、建材、汽车家电等大件商品,第二期展出的商品主要有日用消费品、家居装饰品等商品,第三期展出的商品主要有纺织服装、食品及休闲用品等商品。咖啡廊在三期广交会的营业额也会因展商的不同而有所波动。咖啡廊的生意在第一期广交会比较火爆,最高日营业额可达到 3.8 万元,期末时日营业额也有两万多元。而第二期的日营业额一般为两万多元,第三期的日营业额为一万元左右。店长会根据每天的销售数据和营业额对第二天的进货订单进行调整和管理。

5)实习案例

(1)沟通与服务质量

我们服务的对象大部分都是来自世界各地的外国客人,在服务过程中是需要使用英语与客人交流的。广交会第二期的第二天,我在收银岗服务时,有一对黑人夫妇来到咖啡廊前,看了一会儿电子屏幕上面的菜单,然后男士就到收银台点单。但是他的英语口音有些重,我听不太出来他要点什么。就让他重复说一遍,试图听清楚他的话。可还是失败了,只好让他说第三遍,于是男士开始着急了,我受到他的情绪感染开始变得紧张而不知所措。当时店长不在咖啡廊,我不知道该求助谁。而此时后面排队的客人也等得不耐烦了,对前面的停滞颇有怨言。黑人客人明显表现出不耐烦,我再试图沟通时,他和身边的女士埋怨了几声就离开了。

在这个案例中,由于我欠缺一定的沟通技巧导致咖啡廊失去了两位客人。客观上,因为英语的听力水平不高,所以未能辨认出带有口音的英语单词。主观上,不够冷静,容易受到客人情绪影响,思路、条理不清晰,没有运用恰当的沟通技巧。在多次重复且无效的情形下,应该运用肢体语言提示客人在收银台前的纸质菜单上进行点单,以便确认客人的需要。但情绪上的紧张、应变能力的不足,导致了沟通不畅的结果。由此可见,沟通技巧上的不足,将降低服务质量甚至中断服务。

(2)启示

提高语言表达能力。无论是中文还是英文,语言的表达能力对于沟通来说都是很重要的。恰当地运用语言表达,才能达到有效沟通的目的。假如那时英语听力和表达能力都很强,客人也不会不耐烦地走开了。

恰当时使用肢体语言。借助肢体语言去沟通,可以弥补语言技巧上的不足,而且表达起来更加简单明了。在人际交往中,肢体语言占据了人类沟通技巧的重要地位,从点头微笑到握手拥抱,都是肢体语言的范畴。在服务过程中,我们可以适当地使用肢体语言去完成与客户的沟通。

提高应变能力,保持心态稳定。刚踏入社会的时候,常常会有预料不到的事情发生。每当这个时候,首先要做的是稳住心态,告诉自己不要慌,尽量不要被客人情绪影响,然后再迅速想出应对措施,适当时求助同事和上级。

6)实习体会

上学期是在客房部实习,所以这次我选择了餐饮部。虽然广交会咖啡廊的工作与典型的酒店餐饮部不同,但仍然能从这次实习中得到许多经验和启发,让我了解自己的优势和不足,并且进一步认清自己的定位和职业发展方向。

通过这次实习了解到一些餐饮服务和管理的知识,比如如何维持一个餐厅的日常运营;如何更好地服务客人、满足客人的需求;如何引导客人需求去推销存货较多的食品,等等。当然,这些经验都是从实践中学习与总结的,也要根据具体情况做出相应的改变和调整。实质上,餐饮服务质量包括产品质量和人员服务质量,顾客能在咖啡廊里得到很好的消费体验,这两个方面都是缺一不可的。但是,我发现这间酒店正式员工的服务意识和服务技能是有待提高的。他们不擅长挖掘客人的需求也不善于用英语交流。这可能与他们的教育水平和培训机会有关。调查得知除了店长是本科毕业之外,其余店员都是大专或者中高职毕业,知识储备在一定程度上制约了他们的服务水平。诚然,培训机会和质量也会影响员工的服务质量和水平。

作为教育背景较好的实习生,一般来说服务意识都会比较强。在课堂上老师教导我们,服务行业就是要以客人为中心,满足客人的需求和期望,将服务意识贯彻到整个服务过程中。在酒店服务行业,沟通能力也十分重要。首先是与客人的沟通。在服务过程中,我们要通过密切的沟通来了解客人的需求,与客人建立情感联系,达到甚至超出客人预期的效果。一旦沟通过程出现问题,服务的质量和效果就难以保证。其次是同事之间的沟通,服务行业是人口密集型行业,服务过程中与同事的协作也是必不可少的,能否与同事高效地沟通和交流信息,影响着服务质量和服务效率的高低。最后是上下级的沟通,作为一线员工,要学会如何跟上级反映服务过程出现的问题以及对服务质量提出自己的改善建议。

这次实习除了丰富职场的工作经验外,也启发了我对职业发展的思考。其实,作为本科生要跟专科生在同一起跑线上工作,心里是有一些不平衡的。基层的一线工作,并不需要本科的学历,专科生甚至中高职毕业生也完全可以胜任,而且在简单而重复的工作中得不到满足感和自豪感。这些都是我心里不平衡的原因。实习结束后,我冷静下来思考,得出这样的想法是错误的结论。首先,这只是一次短期实习,实习的目的是在实践中学习知识和积累经验。再者,如果我们的职业目标是餐厅经理甚至是餐饮部总监,那么一线的工作经验是非常重要的。只有熟悉了餐饮服务的各个流程和餐厅运作的各个细节,在具备一定的知识能力后,才能站在一个更高的角度去管理整个餐厅的运营。所以,想要在酒店行业走得更快更远,一线的工作和付出是必不可少的。

5.2.6　学生实习报告之六①

1)实习单位及工作要求

广交会威斯汀酒店的定位是一家会展型豪华酒店,位于享誉全球的琶洲广交会展馆 C 区,饱览珠江及城市景观,是一家可以通过空中连廊直达广交会所有展馆的酒店。酒店有四间餐厅——知味西餐厅、中国元素餐厅、舞日本餐厅和大堂吧,分别提供不同国家的菜式给客人品尝,其中舞日本餐厅是喜欢日本料理的我毫不犹豫的选择,最终非常幸运地通过面试,进入日本餐厅并开始第二次的广交会实习。

从培训的第一天起,领班就跟我们说:"餐厅虽然不大,座位也不多,可是这里的管理标准比其他餐厅更加严格。"接着讲述了工作中的各个细节,例如客人进门时"欢迎光临"(日语)的问候、餐具的摆放标准、托托盘的要领、在客人右手边服务等服务规范、酒水的配置、如何接听电话和接受预订,等等。入职培训历时 4 小时并由主管和领班负责讲解,培训过程中的每一刻都让人感受到餐厅的高标准、严要求,这也使我不敢有丝毫懈怠。

2)实习内容

(1)广交会开幕晚宴

在正式进入餐厅上班之前,很幸运地成为 4 月 14 日广交会开幕晚宴上的服务员,这是一个非常难得的实践机会。在正式开始的前夜,宴会服务部的同事已经把场地布置好了。到了宴会当天,我们要提前 5 个小时到达宴会厅进行培训和彩排。宴会上,每位服务员负责看守一桌客人,而我负责的那桌有较多的外国人。一桌 10 个人的所有饮食禁忌都要记得清清楚楚,比如有人不吃牛

---

① 本实习报告为 2020 届毕业生孙可儿写作,内容有删改。

肉,他就会有特别的菜式;有的不吃猪肉和不喝酒,那么他们的杯子里就只能倒茶不能倒酒,等等。一场晚宴下来,我们要为客人倒酒水、上菜、收盘子,到散场后还要收场,把东西收回厨房,收桌子、收转盘、拆桌布、拆椅套,等等。这些宴会服务的内容都是平常没有接触到的,虽然一场宴会下来很累,但是也学到了很多东西。

(2)餐厅岗位工作

广交会正式开幕,我终于正式回到餐厅工作了。第一天,由前辈带着我进行餐厅的开档准备,包括补餐具、冲茶、补酱油、擦餐具,等等。这些工作都是在餐厅正式营业前必须完成的准备工作,而开档工作量取决于前一天晚上的客人数量和收档工作的完成度,因此开档准备可以进行得很快,也可能需要很长的时间。

到了餐厅营业时间,有客人陆续地进来,客人入座的第一件事就是给他们上茶上毛巾,然后就是看他们的点单内容再决定上不上骨碟和酱油。酒店的日本餐厅给我最深的印象就是与外面的平价日料店不同,这里很注重出菜速度和顺序。若客人点了套餐,我们需要时刻留意客人进餐的速度,要吃完一个,才会接着上下一个菜品。若客人点了铁板烧,还要提前让铁板师傅烹饪并预留一定的时间,以防造成客人等待时间过长的失误。另外,若客人是散点的,下单时需标明哪个菜品属于哪个客人,出菜时把下单的菜品上到对应客人的面前。上述工作看似简单,可碰上餐厅客人爆满,每张桌子都要掌控进度的时候,这就很有难度了。不过,餐厅的同事总能轻易地控制工作节奏,有序地指导我们开展工作。

除了服务员工作,我还兼任咨客,咨客的主要工作是接听电话、回答问题、接受预订、迎宾、送客,等等。第一天站咨客台的时候,整个人非常地紧张,很害怕电话响起,担心会有外国人打电话过来,最终也真的是害怕什么来什么。第一个接通的电话是外国客人打来的,电话一响把我吓了一激灵,还记得当时接电话的手都是抖的,客人询问餐厅的营业时间,虽然这仅涉及简单的英文数字,偏偏憋了半天才说出口。这一通电话后,第二第三通接着来了,慢慢地我的手不再颤抖了,如今可以很轻松地问候客人及回答问题了。这几天的咨客台工作,于我而言是一次很好的锻炼机会。

3)实习案例:标准与实际的困惑

(1)案例内容

深知日本餐厅执行标准之严格,我一直小心翼翼地观察同事的工作,始终抱着不懂就问的态度去上班。但实际上,餐厅领导给我们培训的东西、指正我们的和她们做出来的东西,有时候完全是两码事。例如,培训的时候主管说过给客人上东西需要使用托盘,因此刚开始的时候我也是一直用着托盘,可是我发现餐厅的员工甚至经理上菜通常都是不使用托盘的。有一次,心里急着为一位客人上酱油,想着只有一个小小的酱油碟,不用托盘应该没所谓吧?于是我就这样子去做了,但没过多久被主管叫停,要求拿托盘重新上。那时我就纳闷了,于是跑去问其中一个员工,她解释道:"只要是托盘能放得下的东西,都要用托盘,放不下的话就一只手撑托盘另一只手拿一个菜。"被批评之后我就吸取教训了,无论什么时候我都会先拿着托盘,但在这过去的几天中,我留意到他们仍然没按标准去做。

(2)案例分析

这件事情的起因是自身没把工作做好做细。不该轻易地让他人影响到自己的行为,应该有自己的判断力,用严格的服务标准来要求自己。另外,员工的行为之所以容易受到他人的影响,跟严格的服务标准无法得到有效的执行、餐厅管理者的管理方式和榜样作用有着很大关系。管理者只有以身作则,才能在管理过程中建立威信,让员工心服口服。

(3)案例启示

在工作中,要有一定的判断能力。我们学习过很多关于服务标准的理论知识,同时参加过多次的严格培训,不能够一到工作岗位就被一些不标准的行为影响,应该有自己的判断能力,知道什么是该学习的,什么是该遵循的。管理者要起到监督与管理的作用,也要以身作则、严于律己。这件事情让我深刻地意识到,要想成为一名管理者,严格地根据标准进行培训和工作是多么重要。如果管理者都无视标准,那么更别说手下的员工了。

在刚踏入酒店业时,要养成良好的习惯。初入社会的我们是一张"白纸",在白纸上整齐地写字还是乱涂乱画,这两种行为的结果差别是很大的,如何谱写职业篇章对个人而言是十分关键的。在职业生涯刚启动时,如果我们能够严格要求自己,养成良好的职业素养和习惯,那么这些优秀的职业素养也将伴随着我们一生。相反地,若在自己的白纸上乱涂乱画,那么往后想要改正就比较困难,还要花费更多的精力和时间,严重的还会影响职业生涯的发展,因此良好的素养和习惯是我们向"职业经理人"迈进的必需品。

4)实习体会

这次实习的感受是"陌生中又带点熟悉"。陌生是因为与上次实习不同,岗位也从前厅部转到餐饮部。熟悉是因为这是第二次到广交会实习了,对基本的实习流程和广交会的情况都有大致的了解。由于已有前厅部的实习经验,所以这一次果断地选择了餐饮部,想要尝试一些不同的东西,也为未来的职业规划做准备。

实习期间,我工作认真,严格要求自己,用心观察,积极向同事们学习。积极做事,基本做到了"眼里有活",用心学习服务的每个要点。礼貌待人,和同事们相处融洽,知错就改、用心反省,避免发生同样的错误。这次餐饮部的实习总的来说是收获颇丰,其中有以下三点是最深刻的:

(1)做到"眼里有活"

在餐厅里,上菜、收盘子、询问客人的需要等服务工作都需要主动性,不能等着别人来指导我们。调整好心态,上级随时会指派我们去做其他工作,面对未知的事物要秉持乐观、积极、学习的态度。

(2)善于观察、主动询问,但同时又有判断能力

我们可以在观察同事们的工作中学习到某些工作该怎么做,遇到不明白的

就问,例如有些日本本土化的菜品名字,有些食物的专业英语名词等,这些我都会一一询问,在工作的同时学习到新的知识。在学习过程中也不能盲目,要学会辨别不好的行为。

(3)理论与实践相结合

犹记得大学课程"世界美食"里有提到日本菜注重菜品摆盘,用眼睛"吃"菜,注重一口艺术、上菜顺序等。这些都与我实操时注意到的工作细节相符合,如上菜前预先切好牛排、鸡排等肉食,上菜按照先冷后热、用餐速度有秩序地进行,上菜后菜品展示面要正对客人。通过丰富理论知识,我们更容易掌握实际的操作,又通过累积实践经验,我们进一步巩固、完善知识体系。

成长的道路有过烦恼、有过委屈、有过疲惫,但只要得到客人的肯定、同事的关心,就会让我觉得一切的辛苦都是值得的。此外,这次实习让我对餐饮部门产生了浓厚的兴趣,也许在下一次实习时会再次选择在餐饮部二线岗位的工作。

第6章 实验班学生毕业论文选编

毕业论文是实验班学生培养的最后一个环节,要求学生结合一年来在企业的授课和实习中发现的问题确定选题内容,完成一篇一万字左右的毕业论文,这些论文在一定程度上反映了学生的见识和水平,也是实验班培养效果的一个体现。

6.1 铂涛集团管培生项目现状研究[①]

本研究通过文献研究法、访谈调查法等方式,对铂涛集团的管培生项目"飞翔计划"的成员进行全面深入的调查,寻找影响项目流失率的关键因素,挖掘出本项目的可借鉴之处,为同类型的酒店集团管培生项目提供具有借鉴意义的建议。

6.1.1 管培生相关理论

管培生项目(Management Trainee Program,简称 MTP)是指企业集中各种资

[①] 本篇毕业论文作者为广州大学旅游学院旅游管理专业(校企协同育人实验班)2017届学生袁心宇,内容有删改。

源对具有高层管理潜能的年轻人进行较为系统、全面的培训,使其能在较短时间内成长为企业所需要的管理及领导人才的培养制度,周期时间通常为 1 ~ 3 年。它也是许多大型酒店集团在战略层面上的人才储备必备项目①。

1)实施管培生项目的必要性

管培生项目涉及的行业甚广,且由于项目周期长,项目资金数大,往往只有行业内的大型企业才有足够的战略眼光和资源进行。比如 GE(通用电器)是最早在中国运行管培生项目的企业并且获得了成功,近年来还有京东的"京鹰会"、如家酒店集团的"新星计划"、铂涛集团的"飞翔计划"等。

(1)管培生项目是企业进行战略性人才储备的重要组成部分

随着全球市场的剧烈变化,目前已经开始进入战略性人力资源管理的时代。所谓战略性人力资源管理,即企业通过选拔适合企业战略和文化的员工,有效进行配置、人才保持以及人员流动管理,通过对具有高回报潜力的现有人力资本进行投资,推动变革,形成一个灵活的更有动力的组织,从而实现"提高绩效、顾客及员工满意度和股东价值"的目标。所以战略性人才储备也被大多数企业视为可以增强人才资本十分重要的方式之一。

要实现战略性人才储备,就要根据公司发展战略,在人才招聘和内部培养方面,有预见性地进行招聘、培训和岗位锻炼,从而使得人才数量和结构能够满足组织扩张和业务发展带来的对人才的需求。另一方面,管培生项目也能缓解企业仓促用人带来的问题。对于企业来说,应急性的人才招聘会增加组织的成本并且可能会对战略产生不利影响。而管培生不仅可以满足企业现行的人才需要,保持政策稳定性,而且使组织在关键时刻有人可用。

(2)人才资本匹配的重要性

如今各行各业均处于知识经济时代,企业的价值更多在于知识产权、客户的信赖程度以及员工的技能和创造能力,"智力资本"作为公司资产的重要组成

---

① 蔡颖.新式人力资源利器:管理培训生制度[J].人才资源开发,2005(3):73-75.

部分愈发受重视。智力资本由人才资本、结构资本和市场资本组成,而管培生项目是获得和发展人力资本的重要方式。

对于酒店集团来说,产品具有不可储存性,生产与消费同步性等特点,人才的重要性不言而喻。酒店业由于行业性质原因,员工流失率向来居高不下,人员流动的频率也比较高,对于许多酒店来说,"月月有新人"的现状不足为奇,在新人和实习生的培养方面也是一笔不小的成本,且人才匹配度不高。相比之下,管培生项目不仅可以给员工培训发展的机会,让企业根据自身需求和战略进行针对性培训,使员工在受益的同时对企业文化也有深入的了解,提高人才资本的匹配程度,从而达到"为我所用"的人才培养目的,还能让员工对自己的职业规划更有期望和信心,对企业的忠诚度会提高。

2)管培生项目的运行机制

管培生项目为中国企业所重视始于 GE(通用电器)于 2004 年 7 月在中国开展管培生项目,并且在后续培养中取得了很好的效果①。管培生项目在中国发展已经有十多年时间,作为一个系统工程,已经初步具备系统的实施机制,它涉及企业在人力资源管理上的员工发展、薪酬管理、人员配置、业绩评估等职能。

(1)有效的招聘筛选机制

一个项目有优秀的人才输出的前提是培养对象要有足够的潜力可以被开发,这同样适用于管培生项目。绝大多数企业在招募的时候,都没有专业的限制,但这并不意味着来者不拒,而是在挑选优秀候选人的过程中保证学生的质量和来源多样性。在招聘过程中,候选人需要经过多个环节的重重筛选,包括但不仅限于笔试、一对一面试、群体面试、无领导小组讨论等形式,与普通员工筛选不同的是对管培生的筛选会更看重候选人的领导和管理方面的潜力。

(2)定期的专题培训

市场和企业环境是在不断变化的,针对学员的一系列培训都需要认真设

---

① 杨嫚.管理培训生现状背后的管理学思考[J].经济论坛,2005(13):70-71.

计,要与公司的产品、服务紧密配合,加入与管理工作所需的工作态度、技能和知识相关的培训,保证整个过程是动态且连贯的,才能全面地提升学员的能力。如香格里拉酒店集团的管培生项目就分为三个阶段,分别是通才培训、专门培训和进阶培训,以满足学员在不同阶段的需求,定向培养,效果显著。

(3)不同岗位的轮岗

企业需要培养符合自身需求的复合型人才,内部不同岗位的轮岗是必不可少的。在此期间,管培生可以多方面参与到一线业务、财务甚至销售的工作中去,全面、综合地感受企业的结构、运作及文化,一方面对企业有全面的了解,另一方面,也能提高决策和解决问题的能力,获取对自己的资质和偏好的评价,业务能力和视野都能得到提升。

(4)专业的导师辅导

专业的导师辅导是管培生项目不同于一般培训的地方,除了业务上一线经理人担当直接的"教练"角色之外,企业还会指派高级经理作为管培生的导师,目的就是让管培生有更广阔的视野。导师可以通过分享知识,传授工作经验,提供意见等方式,让管培生少走弯路,引导他们更好地思考自己的职业发展方向和实现快速成长。

(5)切合业务的项目管理

项目管理是指让管培生参与到专门的项目中,不属于他们的本职工作,而是另外加入到新的项目中,项目具有一定的指向性、周期性,需要与多方协调、沟通配合,管培生可借此过程来锻炼自身的项目管理能力、领导能力、沟通能力和协调能力。

(6)实施定期表现评估及考核

评估是评价项目前期和中期投入结果和产出的标尺,根据管培生每阶段的表现进行评估和考核,不同阶段之间要可衔接,并进行适当的制度调整。

不同行业在实施管培生项目时,均涉及这几个环节,但是一样的实施机制之下的实施效果是不同的。在实施的过程中,除了把控好上面提到的一些环节

之外,还需要获得全员的认同与支持,其中包括高层的参与、中层的配合与基层
的理解。此外对目标人才的标准和要求要清晰,要符合企业的发展战略。

6.1.2　铂涛集团的管培生项目"飞翔计划"

2005 年成立之后,铂涛集团实现了创业、上市、私有化、再创业的过程,在变
革转型完成后,铂涛集团对优秀人才储备的需求有增无减。铂涛集团的管培生
项目主要包括"飞翔计划""启航计划""飞航计划""朝阳项目",以上项目均是
中层管理人才储备项目,但不同项目所面对的对象不一样。本文以铂涛集团最
早开始的管培生项目"飞翔计划"为研究案例。

铂涛集团"飞翔计划"(以下简称"飞翔计划"和该项目)于 2006 年开始实
施,当时"7 天酒店"正处于分店大量扩张的快速发展阶段,需要大量合格的酒
店管理人才来担任店长,因此"飞翔计划"作为"7 天酒店"的店长人才储备计划
开始实行,其间以晋升至店长作为人才培养的结束点及考核点,即通过"飞翔计
划"的培养成为店长的人数越多,便意味着项目成果越好。同时,铂涛仍旧开放
上升通道,管培生仍旧可根据个人能力跨部门、跨品牌担任更高的不同职位,成
为更高一级的职业经理人或者区域负责人。自设立至今,"飞翔计划"已经运作
十年,其间经过多年的实施、反馈、评估和尝试,已形成一套相对全面的体系,培
养的人员很多,曾被誉为酒店行业的"兵工厂"。

1)"飞翔计划"运行过程分析(表 6-1)

该项目至 2017 年为止招收了十届学员,并在这个过程中不断完善和改进
项目的薄弱环节,完善各方面的机制。通过对近两期"飞翔计划"项目负责人的
访谈以及对项目运作过程的参与,对该项目有较为全面的了解。

表 6-1　"飞翔计划"运作机制

招聘甄选	招聘方式主要包括校园宣讲会、招聘网站的广告投放及邮件邀请,官网网申渠道及微信公众号的招聘发布。筛选环节分为 3 部分,按顺序分为集体面试、无领导小组讨论及大五人格性格测评,全部环节通过即可成为管培生成员。

续表

岗位轮岗	飞翔管培生起初皆被分配至7天品牌门店,需在基层岗(包括前台、客房、销售)做4~6个月,接着轮岗中层岗位1年时间,之后便是参加店长考试,通过后即可具备担任店长资格。集团不会统一强制安排轮岗时间,决定权在门店店长手上。如果管培生想就职于其他品牌或总部职位,则需要结束"飞翔管培生"的身份,重新异动入职。
培训环节	在正式上岗之前,需要参加7~10天的封闭式魔鬼体能训练;上岗后,培训以e-learning的形式为主,平台为"铂涛云学堂",兼备网页端及移动端,管培生需定期完成线上课程及考试;线下培训以城市为单位自行组织,没有统一标准和内容。
导师辅导	管培生所在门店店长即"教练及导师"角色。除了让管培生掌握岗位的基本技能,还需培养管培生的管理能力。但由于集团对店长没有工作上的强制性要求,所以许多店长实际并不重视飞翔管培生的成长和培养。
表现评估	主要有两种方式,分别为学习手册填写及阶段性问卷调查。两种方式均分为自评和店长(直接上级)评价。学习手册是纸质资料,基于"关键事件法"的原则设计而成,主要用于管培生记录重要的工作情况、月度总结及学习体会,同时店长需要在上面进行定期评价。问卷调查以3个月为一阶段,进行线上发放,不仅包括管培生和店长评价,同时用于收集管培生的工作感受和反馈。

不难看出,"飞翔计划"在实施的过程中与理论机制存在一些差异,如招聘甄选环节的淘汰率过低,没有落实"按标准严格筛选"的原则;在导师辅导环节,未能将"教练"和"导师"的角色区分开来,作用不明显;在培训环节碍于空间距离的限制,没有制定一致的标准和内容;项目管理环节缺失,没有制定相关的内容。

2)项目管理方式

铂涛管培生项目采用了"分队制",即将当期的飞翔成员分为若干支队伍,每支队伍有一个分队长,作为管培生和项目组沟通的桥梁和纽带,学习任务、培训信息及评估表现的信息传达的直接通道。另外,值得一提的是,飞翔10期有一个不同之处,即除了队长之外,还设立了"班级管理制度",旨在让管培生形成内部管理。项目组挑选出各方面比较突出的管培生作为本期的"营长""学习委员""文娱委员"等,成为"核心成员团队",分别负责关注并监督飞翔 10 期成员的学习、情绪、团体活动及其他事宜,作为回报核心成员可以优先得到更多的工作机会和培训资源。

6.1.3 项目人员留存情况调查

1)项目人员留存情况调查与统计

飞翔项目组提供的数据显示,第 1—10 期一共招收飞翔学员 2 057 人,目前在岗 680 人,总体人员流失率达 66.94%。其中,飞翔 9 期和飞翔 10 期是招收人数最多的两期,分别为 844 人和 305 人,流失率低于 55%;飞翔 1—8 期整体人数较少,均不超过 300 人,流失率均高于 70%。飞翔 10 期的流失率最低,原因有三:入职时间相对较短;表现评估机制落实到位,让管培生及时感受到集团对其的关注,有归属感;核心成员团队增强了内部凝聚力。

2)导致高流失率的原因

根据飞翔项目组基于往届离职管培生的离职原因的收集、整理和汇总的结果,可看到"飞翔计划"管培生的离职原因主要表现在工作压力、人际关系、工作环境、培训等方面。(表 6-2)

表 6-2 历届飞翔管培生离职原因汇总

A.认为店长的岗位不适合自己(觉得没有做店长的潜质)
B.酒店行业作息时间不规律,前台倒班,身体不适
C.工作压力大,业绩重
D.想继续深造(考公务员或者考研)
E.想尝试新工作,以培养其他方面的专长
F.与同事关系相处不融洽

续表

G.食宿问题
H.意向地与分配地相隔较远
I.家庭原因(父母强烈反对,照顾家人等)
J.分店无成长学习环境,无人教导,缺少发展空间
K.工资太低,与自己期望不合
L.其他原因_____(包括但不限于:分店原因,实际身体原因,不适合酒店行业,结婚,投资人不愿接受飞翔,没有前途,等等)

管培生项目本身就是筛选优秀人才的过程,具备优胜劣汰的性质,但过高的流失率会直接导致投入与产出不成比例。从项目留存现状中,可以看到每一期的流失率都居高不下,平均流失率将近七成。虽然近两期的流失率稍低,但是不排除是因为项目周期尚未完全结束。"飞翔计划"在岗位轮岗机制和表现评估机制方面实施到位,且有完整的流程,但在招聘甄选、系统培训、导师辅导和项目管理方面都有所欠缺,这些都会对管培生的留存情况造成不利的影响。

(1)招聘甄选的淘汰率过低,筛选不严格

淘汰率过低意味着管培生质量"参差不齐",与管培生的"择优录取"原则是不相符的。在招聘工作中,甄选错误往往会导致增加招聘成本、训练和指导成本,损失获得优质人才的机会,企业形象和声誉受损等负面影响。同时,不合适的管培生由于潜力不够、认知不到位、要求不匹配等原因,在遇到阻力的时候极易流失,从而拉高流失率,增加了招聘成本。

项目组在对招聘结果进行成效评估时,不仅要看录用人数与招聘总成本的比例,更要注重招聘收益—成本比(招聘收益-成本比=所有新员工为组织创造的总收益/招聘总成本)这一考核招聘工作有效性的指标。

（2）项目的培训不系统，无法满足需求

企业为员工提供的培训应有明确的目的，同时还要遵循这些原则：学以致用原则、专业知识与技能和企业文化并重原则、全员培训和重点提高相结合原则及严格考核原则。对于管培生来说，企业文化的渗透更为重要，只有了解并认同企业的文化，才能对自己的长远发展有足够的驱动力和期待。

而在飞翔计划中，上岗前的"魔鬼训练营"是飞翔项目的特色环节之一，内容包括为期10天的野外生存及体能训练，是一种以分队为单位的训练营，其训练的强度对学员的意志和身体都是一种极大的考验和磨炼，同时由于训练强度高，许多学员训练期间就选择退出。完成全部训练的成员才能正式上岗，这对于团队凝聚力的打造和初期对工作热情的调动有着重要的作用。但是分配到店后，并没有设置更进一步、全面的培训，而是由所在城市区域自行组织，实际完成情况不容乐观，对管培生的管理能力、沟通能力及情绪管理能力等方面没有明显的提升。

对比分析不难发现，"飞翔计划"专业知识与技能的培训是合格的，但是对企业文化的课程，比如企业信念和价值观，覆盖面及力度都远远不够。这就造成管培生对企业的文化认同度和归属感不强，容易受客观存在的工作压力影响，从而增加流失率。

（3）导师辅导机制未有效落实

分配到店后，店长就是管培生的"导师"，但是实际上培养管培生与店长的薪酬及晋升没有直接关系，加上管培生分配的门店数量众多，分布城市广泛，许多店长对管培生的态度不一而足，不作为的店长不在少数，甚至有些不理解项目的店长担心管培生影响到自己的利益。

（4）社会对酒店业的印象尚有偏见

行业性质及工作环境带来的影响也不容小觑。酒店行业往往工作时间长，工作压力大，所以人才流动率高，尤其是年龄为21—30岁的基层员工流失十分频繁，这是影响流失率不得忽视的原因之一。还有一部分原因是家庭原因，管培生家人对酒店行业存在误解及偏见,认为酒店行业就是不招人待见的服务行业或认为酒店是从事不法行为的场合,不同意子女在此行业长期发展。据统计,在最新的飞翔 10 期的离职人员中,有明确离职原因的人员中,接近 1/3 的离职原因与家庭原因有关。

6.1.4 铂涛"飞翔计划"项目管培生访谈

1)访谈情况

访谈的目的在于通过这种方式,了解项目不同阶段的管培生的感受和需求,以及期望得到的帮助,对项目效果有较为全面的认识,并在这个过程中,找到与人员流失相关的重要因素,从而提出更具有针对性的意见。

访谈对象大致分为三类:第一类是飞翔 10 期,在项目调查期间,实地到店采访飞翔 10 期管培生 24 人,店长 7 人,得到一手访谈资料,访谈内容主要用于了解管培生的工作现状、学习手册填写情况及店长对管培生的评价。第二类是飞翔 9 期学员,得到项目负责人的支持,获得 10 位飞翔 9 期管培生在 2016 年 6 月的关于工作压力的访谈资料。飞翔 9 期的被访谈对象当时全部都已经是门店的中层管理者。第三类是飞翔项目组的支持方,包括项目负责人和带领管培生的店长,主要探讨了其对高流失率原因的意见和观点。

三类访谈对象在项目中的角色都不一样,有助于我们更为全面地了解情况,尽量避免主观意愿带来的影响。

2)访谈分析

(1)初期,管培生普遍态度端正,对系统培训的需求强,寻求认同感

飞翔 10 期管培生在上岗初期(即 3 个月内)普遍表现积极,工作态度端正,学习动力强,但是普遍反映除了基础业务技能,没有其他的培训课程来供自己进一步提升能力和视野;再者就是工作三班倒,压力大,作息不规律比较辛苦;并且有部分管培生反映在人际关系方面存在困难和困惑,不知如何应对解决。

这直接反映出"飞翔计划"在员工培训方面的不足,不管是从频率和质量上,都未能满足学员的需求。

(2)中期,工作压力大,预期落差大,工作积极性减弱

飞翔9期管培生接受访谈之际,入职时间恰好满一年,位于项目的中期阶段。他们普遍表示现阶段工作压力很大,预期与现实有着明显的落差,归属感不够强。其中,有来自工作的压力,如公司政策变动导致业绩压力增大;也有来自同事或店长的压力,还有来自顾客的压力,顾客素质低下无理取闹等,甚至有人直接坦言轮岗就是公司在利用廉价劳动力,对于管培生发展并不关心。

同时,9期的管培生也普遍希望可以参加更具有针对性的课程,提供系统培训。从这里可以看出,经过一年的在岗经历,管培生对于专业的业务技能掌握已经没有问题,对工作环境已经适应,但是在工作态度上相比于初入的飞翔10期来说,却发生了较大的负向改变。管培生项目运作基于承诺型人力资源的模式之上,组织中"心理契约"的作用在管培生项目中显得尤为重要,所以,企业应该要重视建立管培生个人和组织目标的心理联系,培养员工强烈的组织观念,想办法提高管培生对工作的积极性和对组织的忠诚度。(表6-3)

表6-3 "飞翔计划"管培生的压力类型

压力类型	具体内容
来自工作上的压力	包括但不限于部门间抢人,会员活动变化频繁,7天管培生管理不够系统化,工作中找不到成就感,铂涛股权被锦江收购引起组织架构变化,女性问题,工作负荷大,带领学员有压力等。
来自店长和同事的压力	与店长或分店员工价值观不同、部分店长存在任人唯亲的现象、老员工倚老卖老等。
来自顾客的压力	顾客无理取闹、素质低下等。

(3)对企业文化及战略方向不够了解或不认同

飞翔计划10期项目负责人在接受访谈时提到,他对于高流失率是有一定的心理准备的,因为铂涛集团是一个经常变化、创新的公司,看重自动自发的品质,这也是公司活力的原因所在,这就意味着,在铂涛要有好的发展就必须要有足够的主动性和适应性。由于筛选环节的"高录取率",所以很多管培生因为不理解、不适应这种企业文化而离开。

基于冰山模型的理论,能够通过培训产生改变的往往是知识和技能的部分,而对于"冰山以下"的价值观、驱动力、自我定位的部分,都是难以测量,难以改变却至关重要的部分。如果这部分特质与企业的文化及战略相悖,则容易产生落差和不适应的感觉,这是多少培训都是无法化解和改变的,这样自然留不住人,流失率随之受到影响。

企业的战略方向也并不是一成不变的,比如,在7天酒店集团向铂涛集团转型期间,战略方向发生了很大的改变。市场在变化,企业的战略必然也会有所变动,这就意味着在不同阶段,对于人才储备的要求也在时刻发生变化,这就对企业时刻调整自己的人才培养计划提出了要求。

3)访谈结论

通过对项目对象及相关方的深入访谈,可以看到管培生对系统培训的需求表现明显,也是比较容易评估效果的环节,是一个很好的降低流失率的介入手段,不过要有相对应的人力和资源的投入增加,所以企业高层的支持和投入也是非常重要的。同时也发现部分现有项目存在的问题,透过现象去看本质,访谈者呈现出的状态背后有着更为深层的原因。

(1)工作压力大、薪资低成为管培生考虑离职的重要因素

在谈及压力类型的时候,工作压力被管培生频频提到,从客观存在的工作环境到主观上的成就感缺失,类型多样,且同时指出对薪资不够满意,工作内容在增加,薪资却并没有得到相应的增长。长期如此,在物质上和精神上都得不到满足的情况下,容易让管培生产生退出甚至离开的想法,从而增加流失的可能性。

（2）管培生对企业文化不认同的原因在于认知出现错位

管培生的"索取"行为和铂涛的文化不相符。访谈者觉得公司没有主动投入足够多的资源到项目当中，认为自己作为管培生项目的一员，是企业重点培养的潜力股，理应受到更多的重视，享受更多的资源，并且希望工作环境可以稳定。铂涛集团的文化重视的是"自动自发"和"创变"，即企业活力在于创新和变化，自己积极争取，才能拿到更多的机会和资源。管培生的认知与企业文化之间的错位造成了不理解甚至不认同，导致不少管培生因此而离职，这也侧面反映了企业对自身文化的诠释和传达也可以作为培养忠诚人才的方式之一。

（3）管培生在不同阶段积极性锐减的原因在于管理体系的不完善

初期阶段，管培生抱着对未来的期望和自己的信心，开始基层轮岗，持续到中期，成为门店的中层管理者，虽然依旧有所成长，但在此过程中企业并没有完整地实施导师制度，与普通员工之间没有区分，并且没有相应的培训加以培养，管理体系不完善，导致管培生工作积极性锐减，对自身在本企业的职业规划产生困惑和怀疑。

（4）轮岗之后发现岗位不适合自己

切身投入到工作中才会知道自己是否适合或者喜欢这个岗位，轮岗制度存在的意义不仅在于让管培生熟悉企业各部门、各环节的工作内容和存在价值，更在于让管培生寻找适合自己的岗位。在这个过程中，有一部分的管培生会发现没有适合自己的岗位，原因有工作时间不适应，不擅长与人交谈，不喜欢面对复杂的经营数据等，认为从根本上不适应这份工作，从而提出离职。

6.1.5　铂涛"飞翔计划"项目实施建议

1）严把招聘关，针对性寻找潜在候选人

降低流失率的目的在于尽可能多地留住合适的优秀管培生并且加以培养，为公司创造尽可能多的价值。基于公司的战略方向，企业要借助理论工具，制

订出科学有效的选人标准,挑选出有潜力且适合企业本身的候选人,并在进行招聘前对候选人群体有准确的了解,并遵循人岗匹配、合适优先的原则进行筛选。

在招聘环节上,首先需要清楚,未来五年的应届生均属于 90 后群体,他们成长于我国经济高速发展期,社会进入转型期,IT 科技快速发展的时代,习惯了平等、共生、分享等生活方式,要想对其进行有效的人力资源管理,就要理解他们的职业价值观,尊重他们的偏好。应届毕业生选择职业的时候最看重的三个因素分别是安全稳定、晋升机会和薪酬福利,而对工作环境是否舒适的重视程度较弱。这启发企业可以有针对性地进行宣传,提高面试率。

在筛选环节上,通过性格测试或者其他工具来筛选价值观、性格特点与企业文化相符合的人选。铂涛集团的文化看重创新和自动自发,在筛选时,可以侧重考量候选人的创新性和主动性,让其进入项目之后可以更快地适应企业的文化氛围。

2)抓住时机,培训多样化,可持续及可复制性

培训的时机选择十分重要,企业可以基于人力耗损曲线的周期来确定培训的时机。重要的培训时机主要有两次,一是刚进入公司的入职培训,二是离职高峰到来的前一个月。在铂涛"飞翔计划"中,每一届管培生进入企业之后,会在下一年春节前后出现离职高峰期,所以企业可以在离职高峰到来之前抓住时机进行培训,此时管培生多持犹豫或者观望状态,专业、及时的培训可以安定员工的情绪,加固其对企业的忠诚和信任。

培训方式要多样化,形式可以包括一般教授、讨论会、训练小组、角色扮演及模拟操练。类型上,非正式培训和在岗培训相结合,比如通过特别工作指派来让管培生接触日常职务工作之外的任务,开阔思路,锻炼思考能力和执行力。

由于管培生分布在全国各个城市,分布范围广,城市数量多,空间上的距离让传统的线下培训的举行变得困难重重,收效甚微。针对这个问题,企业可以借用互联网优势,大力发展线上培训课堂。如今线上课程的教学方式多样新

颖,可实现线上多人直播听课,无限次回听的目的,如网易云课堂、千聊直播间等,打破传统培训和课堂的人数和时间限制,给培训对象提供了更加灵活、有效的学习渠道。不过线上课程的培训效果会打折扣,所以需要配套的评估和考核方式来检验培训效果,如线下分享会及线上考试等。

培训内容上,对于专业技能的培训课程,企业要打造课程的可复制性。通过对培训素材进行统一制作、分发,由区域或门店自行组织,有培训评估反馈机制,统一安排定期线下学习交流,一方面让培训更加具有实操性,另一方面也可以满足管培生对专业技能的学习需求。

在这个过程中,需要高层管理者的强力支持、中层管理者的配合以及基层员工的理解,才能将培训效果最大化。

3)强调人文关怀,增强管培生的归属感和认同感

(1)提升管培生相应的薪酬待遇

薪资的激励对于员工来说是最为直接的方式,针对管培生的不同阶段,要设置相对合理的薪资水平,避免出现工作量增长但薪资却没有任何变动的情况。一方面是让管培生保持对组织的信任,另一方面,也可以降低竞争对手成功挖人的可能性。

(2)通过"班级管理模式",增强管培生的认同感和归属感

保持"班级管理模式",设立分队及队长的角色,并分别在文娱活动、培训学习和后勤工作方面设立文娱委员、学习委员和劳动委员的角色,负责跟进当期成员的学习进度和工作状态,定期组织工作之外的交流活动,让管培生之间形成互帮互助、自我管理的氛围。

这些"班干部"则成为管培生之中的"核心成员",可以优先享受到更多的培训资源和机会,同时设立退出机制,若核心成员长期不配合项目组的工作,则由表现更为积极的成员代替。这也充分体现了铂涛"自动自发"的文化精神,从而增强管培生对"飞翔"身份的认同感和归属感。

管培生项目是一项持续的人才战略项目,重要性对于企业不言而喻,所有

的环节和流程都需要认真对待,从长远发展的角度来看待问题,需要高层管理者的支持和投入。人力资本作为企业最宝贵的资本之一,需要精心打造、维护,合理使用,才能为企业创造最大化的价值。

6.2 基于企业文化本土化的国际中端酒店在华管理研究[①]

6.2.1 前言

随着高端酒店和经济型酒店在中国市场的白热化,中端酒店成为中国市场的蓝海,越来越多的国际中端酒店品牌开始进驻中国消费市场,投资者们也逐渐把目光放在了品牌知名度较高、口碑较好的国际中端酒店。然而,国际品牌和中国本土文化的冲突往往阻碍了酒店在华的管理。因此,为了解决这一现实问题,笔者选择了本课题,基于企业文化本土化的视角,通过希尔顿欢朋酒店成功进驻中国消费市场这一案例,分析了目前国际中端酒店在华经营的问题及问题产生的原因,强调了企业文化本土化对国际中端酒店进驻中国市场经营管理的重要性,给更多国际中端酒店的投资者和管理者一些借鉴和启示。

此外,尽管有关国际品牌本土化问题的研究已经是一个较为热点的研究,很多学者也从不同的视角在这一研究领域提出了很多深刻的见解。但笔者发现,这些研究大部分探讨的是相对比较宽泛的问题,例如影响本土战略发展的因素、本土化战略分析,如营销本土化、人力资源本土化、生产本土化等,很少涉及从企业文化层面探讨国际品牌在华管理的研究。尤其是涉及正处于市场蓝海的中端酒店这一方面的研究理论甚少。针对以上情况,笔者抓住国际中端酒

---

① 本文作者为广州大学旅游学院旅游管理专业(校企协同育人实验班)2017届学生曾穗敏,内容有改动。

店进驻中国消费市场,但管理"水土不服"这一热点冲突,依据笔者在希尔顿欢朋(中国)总部的实践经历及相关理论分析,提出以企业文化本土化的方法来解决现在较为普遍的文化冲突,丰富基于企业文化本土化的酒店管理理论,具有一定的新意和深度。

6.2.2　企业文化本土化相关概念及研究综述

1)相关概念

企业文化,这一概念涉及多个学科和领域,谢恩认为:"企业文化或组织文化,是一个给定的组织在其对外部适应性和内部一体化问题的过程中,创造、发现和发展的,被证明是行之有效——用来教育新成员正确地认识、思考和感觉上述问题的基本设定。"[①]纵观国内外学者对企业文化的定义,笔者将企业文化定义为:企业文化,也称为组织文化,是一个企业或组织通过一段相当长的时间实践形成的由大多数企业成员普遍认可的能够引导、影响他们日常工作的特定文化现象,它包括价值观、信念、仪式、处事方式等物质和精神文化。

国际酒店在跨国经营方面都会面临一个问题,即酒店是否应该针对经营场所所在国的消费市场作出适当的反应,即定制"本土化"方案,以实现利润最大化的目标。关于本土化的概念,有部分学者认为是东道国为了控制跨国公司的行为而制定的经营比例要求,例如当地控股要求、原料比例要求等。而另一部分学者则认为本土化就是要实现当地生产和销售等。国内外学者还没有形成统一的关于本土化的定义。

关于企业文化本土化的概念,国内学者普遍认为它是指企业在保持原有的整体企业文化、核心理念的基础上,通过与东道国相互接触、交流,进而相互吸收、渗透融为一体,并形成一种新的适合东道国的企业文化。基于本文的研究主题,笔者将"企业文化本土化"定义为外来企业或组织为融入某地消费市场、

① 何艇.在华美国跨国公司的企业文化本土化研究[D].上海:上海社会科学院,2007:46-54

适应当地发展时,将其特有的企业文化融入当地的价值理念,转化为符合当地市场发展的一种企业管理战略。

中端酒店是我国酒店业的主体,行业业内普遍将价格范围确定在 300～500元,提供全服务或有限服务的三、四星级酒店以及升级版的经济型酒店称为中端酒店或中档酒店。但在理论研究方面,至今还没有一个统一的定义,基于本文研究需要,笔者采用行业内相对更普遍的话术将中端酒店定义为:相对于价格较为昂贵的高档星级酒店而言,中档酒店是以相对较低的价格为消费者提供客房服务,设施完备及服务全面而相对于高档星级酒店剥离非核心功能的酒店。中端酒店的市场定位及目标消费群体一般为商旅精英或亲子家庭。

2)国内外相关研究成果

在企业文化本土化的理论研究方面,国内学者研究的大方向主要有两个,第一个是影响企业文化本土化的因素,影响因素主要为国家文化、民族文化、职业文化等其他文化因素。第二个研究方向主要为企业文化本土化的具体举措,如国内学者针对美国跨国公司如何解决文化冲突的问题提出了建立"企业文化本土化"的构想模式[1];威廉·大内等分别从企业文化理论、企业文化与绩效关系、企业文化测量等方面开展了研究[2];而 Douglas 提出了"公司的研发、销售渠道、生产、决策以及人才的本土化是跨国企业本土化成败的决定性因素"这一观点[3]。

目前,国内学者对本土化的研究主要集中在人力资源本土化、品牌本土化、管理本土化以及营销本土化等方面。在中端酒店管理理论企业文化本土化的研究方面,在中国知网上能搜索到与中端酒店相关的研究理论期刊,大多数研究方向的主题并不是中端酒店,只是文中有提及"中端酒店"。总体来说,目前

---

① 何艇.在华美国跨国公司的企业文化本土化研究[D].上海:上海社会科学院, 2007:46-54.
② Andrew. S. Klein Organization Culture and Business Strategy Culture a A Source Competitive Advantage [D]. Dissertation of university Illinois at Chicago, 2003:58.
③ Keller K L, Aaker D A. The effects of sequential introduction of brand extensions[J]. Journal of Marketing, 1992,29(1):35-50.

国内研究企业文化的理论数量较少,案例分析主要集中在第一、第二产业的公司,而以企业文化本土化战略作为切入点研究酒店管理的理论相对较少,研究篇数屈指可数。因此,本文主要从中端酒店目前的发展、影响中端酒店企业文化本土化的因素、深化中端酒店企业文化本土化策略三方面进行阐述。

6.2.3 国际中端酒店在华发展现状

相对于高端酒店深陷红海市场困局以及经济型酒店市场白热化的处境,中端酒店市场目前仍处于蓝海,酒店品牌正快速扩张中,尤其是品牌连锁酒店。

1)中端酒店品牌渗透率有限

据统计,在品牌数量方面,目前国内中端酒店共有 119 个品牌,以服务范围划分,有限服务类的中端品牌酒店有 87 个,全服务类型的中端酒店有 32 个品牌。其中,在有限服务类的中端品牌中,属于国际品牌的仅有 3 个,分别是智选假日、希尔顿欢朋和雅乐轩;而在全服务类的中端品牌中,属于国际品牌的有 14 个,分别是假日、豪生、华美达、戴斯、诺富特、最佳西方、福朋、万怡、希尔顿花园、美居、丽亭、睿景、华邑、万枫,即目前在华经营管理的国际中端酒店品牌共有 17 个。

在品牌渗透率方面,2015 年的酒店数据显示,中端酒店当时的品牌渗透率仍较为有限,仅有 20%,远低于高档酒店及经济型酒店的市场。截至 2016 年底,中端酒店的市场形成了以国内品牌为主的竞争局面,以客房数计算,排名前十的中端酒店品牌 80% 为国内品牌,如维也纳、全季、星程、和颐、亚朵、麗枫、橘子精选等,国际排名中只有只选假日与诺富特位列其中。随着雅高与华住,希尔顿与铂涛,万豪与东呈的集团战略合作模式的深入开展,尤其是国际品牌的特许经营模式的开放,目前的品牌竞争格局将会有重大的改变,未来将会有更多国际品牌进军中国的中端酒店市场。

2)中外酒店集团合作经营趋势明显

目前在华发展的国际中端酒店品牌共有 17 个,其中由原集团独立经营的有 10 个,引入中国的时间段主要集中在 2010 年前;而采用中外酒店集团合作经营,委托管理模式的酒店品牌共有 7 个,如万枫、希尔顿欢朋等,它们引入中国的时间段主要在近三年内。可见,越来越多的国际中端酒店在开拓中国市场时,更加倾向于和本土酒店集团合作经营,本土化管理趋势明显。

3)发展速度快

中端酒店的发展速度飞快,据酒店行业内统计,在盈利方面,中端酒店在一线城市一般卖 600~700 元一夜,每间可供租出客房产生的平均实际营业收入(RevPAR)在 300~600 元一夜,而二线城市房价则在 250~500 元一夜,RevPAR在 200~450 元一夜,可见目前中端酒店的盈利正处于红利时期。

从市场签约率方面来看,自 2011 年仅有 28% 的市场签约率到 2016 年 63%的市场签约率,中端酒店在国内已经成为投资人士的签约新宠。市场定位为精选服务、有限服务品牌而非全方位服务品牌的中端酒店,在管理上最大的特色是在设施规划上提高了客房的毛利,缩减了毛利较低的餐饮、宴会与娱乐设施这几方面的配置。正是中端酒店非全方位服务与较低的人房比,有效地提高了酒店的经营毛利,成为目前国内市场的投资热点。

中端酒店目前正处于飞速发展阶段,但目前独立在华经营管理的国际中端酒店品牌数较少,大部分均为国际酒店集团和中国本土酒店集团合作的品牌,而这个趋势也越来越明显,可见本土化经营管理已经成为国际中端酒店在华发展的大趋势。

6.2.4 国际中端酒店企业文化本土化现存问题及原因

1)国际中端酒店企业文化本土化问题

正如前文笔者所提及企业文化的定义,它也称为组织文化,是一个企业或组织通过一段相当长的时间实践形成的由大多数企业成员普遍认可的能够引导、影响他们日常工作的特定文化现象,它包括价值观、信念、仪式、处事方式等物质和精神文化。国际中端酒店品牌的企业文化可以分为三个层面：即服务理念、制度文化以及行为文化。目前已进驻中国的国际酒店集团绝大多数都来自欧美，如美国万豪集团旗下的万枫、法国雅高集团旗下的诺富特、美居，希尔顿集团旗下的欢朋，国际中端酒店企业文化本土化在酒店管理中的以下四方面都有着较为明显的冲突。

（1）服务文化层面上的冲突

欧美文化提倡自由主义及个人主义，尤其是美国文化，他们会更加注重个人主义，认为个体要保持自身的个性。在酒店的服务管理上，他们会提倡员工根据不同的客人需求，提供相对应的个性化服务，倡导员工自主地为客人提供个性化服务。

而中国文化自古以来以儒家文化为主题，强调"家"的理念、中庸之道，即中国的企业文化会更注重集体主义价值观，追求内外和谐的统一。在酒店的服务管理上，中国员工习惯了集体统一的服务理念，个体不希望突出，希望和其他人保持一致，因此，国内的员工较习惯于接受统一规范的服务理念的培训。

因而，当强调个体发挥个性，提供个性化服务的欧美服务理念遇上了习惯集体行动、统一而规范的中国员工时，便出现了水土不服的问题。

（2）制度文化层面上的冲突

在酒店用工制度方面，欧美大部分使用短期雇佣制度，而中国则习惯使用长期雇佣制，即签订劳动合同。短期雇佣制度有利于让员工产生危机感，进而培养员工的竞争意识。同时，也可以避免人际关系的复杂化和企业的老龄化等问题。而国内则倾向选择长期雇佣制，与员工签订劳动合同，降低员工的流失率。

在员工提升制度方面，欧美采用迅速的评价和升级制度，只要员工具备某项能力或者在某项工作中做出了成绩，即会把他/她提拔到相应的位置而不考虑这一举动对其他人的心理影响等方面。而国内员工晋升的制度则相对比较缓慢，有时候还会受人际关系好坏的影响。这些现象都容易导致员工追求华而不实的工作方式。

(3)行为文化层面上的冲突

欧美员工对企业的归属感较低,在企业里,只要是规定应该要做的事,欧美员工都会负责任地完成,然而一旦超出他们的责任,他们则会要求得到额外的报酬,充分体现了欧美文化中权力与责任分明的特点。而中国的员工则会比较注重人际关系,在意自己在集体中所扮演的角色,而且不同员工的工作积极性差异较大。

(4)消费需求文化的冲突

随着国内经济水平的发展以及消费水平的不断升级,中国国内的消费者对生活方式的追求和体验也在不断升级,很多国际品牌以不变应万变的经营策略和笼统的需求供给,已经不能满足中国消费者日益多样化的需求了,消费者在对酒店的硬件设施以及软件服务的需求上,都呈现出许多差异化的表现。例如,国际中高端酒店品牌在落地中国市场时,大多都直接照搬了国外酒店的设施,统一配备宴会厅、游泳池、咖啡厅,以及富丽堂皇的大堂。但这种做法并没有完全考虑消费者的需求——富丽堂皇的大厅可能更适合那些传统的商务客人,而新锐的消费者,特别是千禧一代,更热衷于有社交氛围的酒店公共空间。

2)国际中端酒店在华管理的企业文化本土化现存问题原因分析

(1)国家文化差异导致企业文化差异

企业文化,从本质上来说,它是一种文化意识,属于社会民族文化里的一个亚文化,而这些根植于亚文化的价值观支配着人们的行动、态度和信念,而这些正是决定人们对事物的看法和采取行动的出发点,也就是说,不同的国家文化会产生不同的企业文化。来自荷兰的著名跨国企业文化研究学者,霍弗斯特德教授在大量调研的基础上,归纳出了比较不同文化价值观的四个方面,即对管理活动和管理模式有影响的文化层面为四个方面:个人主义与集体主义、对权力差距的态度、对不确定因素回避的程度以及性别差异(男性及女性)。研究发现,美国等西方国家和中国、日本等亚洲国家在这些方面存在一定的差异——

欧美倡导个人主义,中国则是集体主义主导;欧美的权力差距较低,即员工对自己所负责的事务拥有较大的权力并承担相应的责任,而中国的权力差距较大,重大决策权与人事使用权在改革开放前均在政府(研究时间在改革开放前);欧美文化倾向于偏好竞争性及物质性等较男性化价值观念,而中国则偏向于重视保证员工福利及对应负担的社会责任表示关注的较女性化价值观念等。

(2)企业经营管理差异导致企业文化差异

由于跨国合作方之间的社会环境、文化背景、发展阶段大不相同,在企业的管理经营中,往往会产生不同的企业文化。如欧美企业崇尚自我表现与创新,不喜欢"随大流",此外,欧美的社会环境及企业环境中具有相当浓厚的"竞争"氛围以及制度化的管理思想,强调按照规章制度办事;而中国的管理则重视集体价值及经验主义,喜欢集体稳定、不冒险的管理风格。

此外,企业管理者在对跨国企业文化差异的认识上,容易存在一些认识的偏差。例如,缺少对本国文化和外国文化的了解、忽视了不同国家之间的文化差异;同时,由于语言或非语言障碍的存在,人们对价值观、习俗等的认识也会有所不同。因此,当管理者之间缺少有效的沟通,则会出于习惯从自身的文化角度出发来判断和分析来自对方的信息,从而产生误解。

6.2.5　希尔顿欢朋酒店在华管理案例

1)希尔顿欢朋品牌概况

希尔顿欢朋是希尔顿全球旗下最大的酒店品牌,1984 年成立于美国。在其后的三十多年中,希尔顿欢朋快速扩展业务,目前它是全球最大的国际酒店品牌之一,在 20 个国家(包括美国、加拿大、俄罗斯和德国)拥有 2 200 多家酒店。2014 年,希尔顿全球与铂涛集团签订了独家战略合作协议,铂涛作为品牌合作活动方,全面负责希尔顿欢朋酒店在华市场的开发和运营,即希尔顿欢朋正式进入中国中端酒店行业市场。

截至 2017 年 3 月,希尔顿欢朋在中国已经实现超过 110 个酒店项目的签约,已开业酒店 10 家,在行业内连续三年获得了星光奖、中国最受欢迎中档酒店国际酒店品牌、中国最具投资价值中端酒店品牌等奖项。在 2017 年全球最有价值 50 个酒店品牌的榜单中,希尔顿欢朋排在了第七位,而前六位中,有五个是五星级以上的高档酒店,分别是:希尔顿酒店、万豪酒店、凯悦酒店、喜来登酒店、假日酒店。希尔顿欢朋酒店是排名仅次于假日酒店的中端酒店品牌。

2)希尔顿欢朋的企业文化特点

与大部分酒店品牌的企业文化和服务理念是独立分开的两个概念不同,希尔顿欢朋的企业文化是"友善(Friendly)、可靠(Authentic)、关怀(Caring)、周全(Thoughtful)",保留每一个单词的首字母,简称为 F.A.C.T 精神,而这也正是希尔顿欢朋酒店的服务理念,企业文化和服务理念的含义是统一的概念——即从总部到各个分店,从酒店总经理到客房服务人员,从客房服务人员到客人,都实行"友善、可靠、关怀、周全"的企业文化[①],即酒店管理人员相互之间也像对客人一般,践行"友善、可靠、关怀、周全"的理念。企业文化即对客服务理念,由内至外,保持一致,通过熏陶酒店高层管理人员自身进而传递给酒店的一线员工,"以身作则"的企业文化特点,有利于更好地引导员工形成统一的集体价值观乃至工作氛围,进而自然而然地为住店客人营造独特的、欢乐的、难忘的"欢朋体验(Hamptonality)"。

3)希尔顿欢朋企业文化中国本土化的做法分析

尽管希尔顿欢朋的企业文化和服务理念保持一致,其表面上看起来简单的"友善、可靠、关怀、周全"的理念在刚开始引入中国市场时,还是遇到了一定的瓶颈,如仅靠抽象的理论培训,酒店员工无法理解"友善、可靠、周全、关怀"的理

---

① 陈丽英,何勋,辜应康. 国际酒店集团并购历程中的再品牌策略研究——以雅高和希尔顿集团为例[J]. 旅游学刊,2013,28(10):52-63.

念,由于文化差异无法理解"Hamptonality"这类词语的意思等。为解决品牌在进驻中国时所产生的"水土不服"的问题,希尔顿欢朋实施了以下一系列的具体举措:

(1)酒店名字本土化

酒店的名字是首先映入消费者眼中的品牌元素,比起没有独立意义、仅代表发音的英文字母,以字形意义作为构字的中文,每一个单独的字都被赋予了不同的意义。因而,对于国际品牌来说,其中文译名显得尤为重要,因为它决定了酒店能否让中国消费者在第一次接触、见到、听到酒店名称的时候就马上理解、记忆,感受酒店的核心内涵。因此,为了能够被广大消费者接受,希尔顿欢朋美国总部把"欢朋"这个品牌名引入中国的时候,曾通过调查机构调查了中国消费者对不同译名的反应及喜好程度,结合铂涛集团以及上海希尔顿全球(中国)总部的高管团队的管理经验,最终选取了"欢朋"这一个译名,从字面就能够很容易地理解"Hampton"这所酒店希望传递给消费者的理念——"这是一所能带给你欢乐的、如朋友般亲切的体验的酒店",相比起"汉普顿"这种无意义纯英译的中文译名,"欢朋"这个名字更接地气,更具喜庆、朝气蓬勃的气息,符合中国消费者喜欢"好意头"的消费习惯。

(2)管理人员本土化

本土的管理者对本土文化有深刻的了解,容易被员工所接受。此外,这也为本土员工的晋升提供了明显的渠道,具有一定的激励作用,因此使用本土化管理者进行管理成为跨文化融合的一个有效方法。因此,希尔顿欢朋和铂涛合作成立希尔顿欢朋(中国)总部,使用铂涛的酒店管理人才,而非美国总部的管理人才,这本身就是一项本土化的举措。此外,分店的总经理是由总部进行招聘,而非投资人自行招聘,人才质量直接由总部把控,不仅能够杜绝投资人滥用私权牟利的行为,而且也能从根本上把控管理人才,通过总部的招聘、培训,能够有效地传递企业文化,进而由总经理传递给分店的员工直至传递给入店消费的客人。

（3）品牌形象本土化

希尔顿欢朋在进驻中国市场不久后,创造了一个仅代表中国希尔顿欢朋的品牌形象——欢小朋,它是以中国国宝大熊猫为原型,配上希尔顿欢朋的深红和蔚蓝两种主色调而创造的面带微笑的真诚友善的熊猫形象,意为希尔顿欢朋品牌与中国合作产生的"混血儿",代表了双方紧密合作的关系。欢小朋被应用在酒店的方方面面:如作为官方宣传的"人物代表";作为宣传视频、宣传单、宣传物料的主要元素;作为酒店方送给客人、投资人的礼物;等等。通过"人像化"的方式,把企业文化、品牌形象以及中国的本土元素巧妙地融合在一起,无论是对于员工还是客人来说,都能直观、具象地感受到品牌的文化和魅力。

（4）服务文化本土化

希尔顿欢朋品牌的服务文化包括了两个服务理念:第一个是"友善(Friendly)、可靠(Authentic)、关怀(Caring)、周全(Thoughtful)",简称 F.A.C.T 精神,以及为每一个入住客人打造独特的、欢乐的、难忘的"欢朋体验(Hamptonality)"。对于文化水平较高的管理人员来说,也许他们能够马上理解英语单词"Hampton(欢朋)"以及被物格化之后的"Hamptonaliy(欢朋体验)"这两个单词之间的联系,但对于一般的基层员工来说,他们对"Hamptonality"这个抽象的单词没有具体的印象和认知。为了解决这一问题,希尔顿欢朋中国团队在引入这些服务理念的时候,对这些理念进行了标准化设计,为这些抽象的理念加入了具体的标准。如对于习惯依靠个人能动性,喜欢主动接触客人的美国员工来说,美国欢朋会鼓励员工在客房给客人写留言条,而他们的员工也会非常主动地根据不同客人的特性给他们留下温馨亲切的留言条,甚至附上自己亲手画的有个性的简笔画或者笑脸,向客人示意自己的友善和关怀问候。然而,对于习惯了接受统一标准的规定以及喜欢和集体保持一致行为,不喜欢"突出自我个性",较缺乏主动性的中国员工来说,他们需要管理人员告诉他们留言服务要怎么做、如何留言、留言的内容可以是什么方面等。因此,希尔顿欢朋中国团队把"客房留言服务"做成了一个具体的服务标准,并对产品进行了改进设计:把客房的电视墙做成一个有吸力的板子,并在每一块的电视板墙上留下用"F.A.C.T"元素做成的磁铁和空白的留言条,而在以往的欢朋酒店是没有"电视留言墙"这一个产品的。同时,在总部考察分店服务管理质量时加入了"客房留言服务"这一条考核标准。

(5)开放交流

希尔顿欢朋美国总部在2016年9月安排了希尔顿欢朋的高级运营总监Mike先生到铂涛集团进行为期一年的品牌指导,为希尔顿欢朋品牌在中国的运营提供了方方面面的支持。一方面有利于及时消除跨文化沟通的误会,另一方面有美国总部的及时指导,有利于保证品牌传递的完整性和稳定性。此外,希尔顿欢朋美国总部定期开展的全球总经理交流大会也会邀请中国总部的管理人员一同前往,而当铂涛举办企业交流会议时,也会邀请美国希尔顿集团的同事前来分享。通过这种交流学习及培训的方式能够有力地消除企业文化的文化差异,在交流分享中能够有效地实现企业文化本土化,建立共同的价值观。

4)小结

希尔顿欢朋酒店为把品牌和服务理念引入中国市场,采用了一系列的本土化战略,如酒店名字本土化、管理人员本土化、品牌形象本土化、服务文化本土化以及开放交流等具体举措,这些举措都成功地将其在美国的服务理念和核心价值观"友善、可靠、关怀、周全"传递到中国市场。然而其也有不足的地方:如不同的管理者在对特定的国外资料翻译时,进行"本土化改良"时,会产生不同的理解,在传递给员工时就会出现偏差。因此,建立统一、完善的企业培训资料档案对于传递"企业文化"具有重要的意义。此外,定期对管理人员进行"跨文化"的培训与交流,共同探讨,有利于继续深化企业文化本土化的战略。

总的来说,希尔顿欢朋引入中国不到三年,就成功签约超过11家分店,快速进驻了中国市场,尤其是其在"企业文化本土化"方面的举措,都非常值得其他更多的国际中端酒店进驻中国市场时借鉴,同时,也值得中国特有的本土品牌进驻国外市场时借鉴。

6.2.6 研究结论与启示

1)结论

"企业文化本土化"品牌战略对于国际中端酒店入华发展、经营具有重要的意义。随着越来越多的国际中端酒店品牌入驻中国市场,实行企业文化本土化战略,有利于丰富我国中端酒店的品牌,形成竞争,推动我国国内中端酒店品牌的发展,向更多优秀的国际品牌借鉴、学习,将先进的管理思想和组织文化融入我国的酒店管理,促进我国中端酒店市场的繁荣发展。此外,重视企业文化本土化的建设,不仅有利于提升企业自身的形象、品牌及效益,还有利于团结员工、培养团队精神,增强团队凝聚力和员工的归属感,从而形成团队上下一致的共同价值观和行为准则。同时,在文化交融、碰撞的过程中,有利于丰富发展我国的本土文化,推动我国的本土文化走出国门,走向国际。

中国酒店业的市场将会呈现"本土化"的趋势,尤其是"企业文化本土化"。随着跨国贸易的深入,中国经济水平的提高以及国民生活消费水平的提高,未来将会有更多发达国家成熟的酒店品牌涌入中国目前尚未饱和、中端酒店品牌渗透率仍较低的旅游市场。同时,随着人们对文化的日益重视以及对个性化消费的追求,酒店若想在竞争中占据有利的地位,就必须拥有自己特有的品牌调性及企业文化。因此,这些国际品牌为了适应中国的本土市场,未来必然会是"本土化"的趋势,尤其是"企业文化本土化"。

2)启示

企业文化本土化是解决国际中端酒店入驻中国水土不服的问题必然选择。企业文化本土化的过程实际上就是国际中端酒店品牌原有的文化与中国当地文化相互融合,将文化差异最小化的过程。酒店的管理理念往往根植于这个企业的文化,而由于跨国文化差异性的存在,国际中端酒店品牌的管理理念往往都不能完全适合中国本土的思维,影响了酒店在华的运营管理。随着中端酒店市场的不断扩张,未来必然会有更多的国际中端酒店品牌进驻中国,而解决这些国际品牌在中国水土不服问题的根本措施,则是实行"企业文化本土化"策略。

管理人员本土化。企业文化本土化的管理实际上是人的管理,国际中端酒店品牌的文化也许可以通过酒店的产品、经营模式等充分转移到中国市场,但文化的客体是人,即企业的所有员工,而管理人员则是员工中最关键的群体。因此,通过采用中国本土的管理,并对这部分管理人员进行跨文化的培训,有利于促进国际品牌与当地文化的融合,减少因文化差异导致的误解。此外,由于中国本土的复杂的经营环境,如果由不熟悉中国市场的管理人员进行管理,不仅难以适应中国的经营环境,而且还会增加公司的经营成本。因此,充分利用中国本土的人才,有利于品牌更好地与当地文化融合,进而提升经营业绩。

品牌形象本土化。品牌形象是企业或品牌在市场上、在社会公众心中所表现出来的个性特征,它代表着企业的文化、产品的形象,同时也体现了公众特别是消费者对品牌的评价与认知。品牌形象包括了酒店的产品、酒店的服务水平、员工的形象等,因此让品牌形象"本土化"是国际品牌快速融入中国本土市场的重要举措,如使用中国本土通俗易懂的语言对品牌形象进行描述,在品牌形象宣传推广时融入中国本土的特色元素,通过熟悉、"接地气"的文化氛围,拉近品牌与消费者之间的距离,增加了国际品牌的亲切感。

服务文化本土化。服务是酒店业中最重要的要素,在很大程度上,服务往往是影响消费者是否到店进行二次消费的重要条件之一。而由于不同文化之间的差异,对于一线员工来说,要理解陌生的异国服务理念是一件不容易的事情,而一线员工则是对客输出酒店服务最重要的人群。因此,为了让员工更好地理解酒店的服务文化、服务理念,酒店管理人员在培训时必须将抽象的理念加以具象的案例进行培训、引导,此外,由于国人缺乏"表现自我,个性化服务"的思想,酒店管理人员还应该为抽象的理念加上具象的服务标准,包括服务的内容以及服务的流程,以便更好地传递服务文化及理念。

目前,国内外研究企业文化理论及本土化理论的资料比较多,然而研究企业文化本土化并应用在中端酒店管理上的资料并不多,收集相关资料的困难程度较高,因此在理论分析方面显得较为薄弱。此外,尽管笔者在希尔顿欢朋(中国)总部实习了一段时间,但对希尔顿欢朋美国总部的情况并不十分了解,对欧美文化的了解也不够深刻,因此,这也局限了此文的研究深度。

6.3　酒店实习管理的有效性研究[①]

近年来,国内旅游相关院校为了更好地培养实践型人才,纷纷与企业合作,将学生送到酒店进行实践学习;酒店通过接收实习生弥补人力资源的不足,降低劳动力成本、储备优秀人才,实习生成为酒店人力资源的重要组成部分。尽管各酒店在实习生管理方面投入了一定的精力与成本,但实习生对酒店的认同感、实习满意度及留用率等方面并不尽如人意。因此,如何让实习生有满意的实习经历和体验,使实习生对酒店具有归属感,提升实习生管理的有效性,成为酒店亟待解决和改善的问题。

从已有研究看,目前国内对酒店实习生管理的研究主要集中在实习生管理的总体分析、实习生满意度研究两个方面。酒店聘用实习生可以降低人力资源成本、便于管理、提高酒店服务水平[②],但也存在流动率高、校企配合不够以及酒店缺乏人文关怀等问题[③],应该建立一种以酒店管理为主、学校和实习生自身管理为辅的酒店实习生管理模型[④],实习生应该转变心态,酒店也应该加强疏导及针对性培训[⑤],应该从职业发展规划、薪酬与激励机制、加强人文关怀等方面改

---

① 本文作者为广州大学旅游学院旅游管理专业(校企协同育人实验班)2019届学生郑敏玲,内容有所改动。
② 李剑锋.酒店实习生管理问题分析[J].运城学院学报,2007(6):90-91.
③ 陈艾娜.酒店实习生管理模式的探讨[J].商业文化(上半月),2012(4):259.
④ 谢宝田.人力资源管理视角下的酒店实习生管理[J].开封教育学院学报,2013,33(4):171-172.
⑤ 沈燕.酒店实习生管理问题研究及对策[J].商场现代化,2015(28):106-107.

善酒店实习生人力资源管理①。实习生满意度研究方面,王兴琼通过多元回归分析方法,认为实习生满意度主要受工作报酬、领导水平和培训机会影响②,应该改善实习生的价值感知③,并在工作软环境、福利待遇及个人期望三方面采取措施提高酒店实习生工作满意度④。国外在酒店实习生管理方面的研究主要从某个侧面分析酒店实习生管理,比较注重成果的实践性和实证性。Terry Lam等认为酒店实习生工作满意度与部门经理、团队精神及部门主管的协助有很大关系⑤,Faruk Seyito.lu等认为较高的实习满意度对专业前景和发展产生了积极的影响⑥。尽管酒店实习生管理研究成果颇多,但从实习生具身实践视角开展有效管理的研究比较少,提出的对策也缺乏针对性。因此,本文以万豪集团旗下广交会威斯汀酒店为个案,通过笔者在酒店实习的具身体验、问卷调查、访谈等研究方法,分析酒店实习生管理现状和存在问题,试图提出实习生有效管理的对策。

6.3.1 研究概述

根据酒店实习生的招聘渠道及实习期限,将酒店实习生分为长期实习生与短期实习生两种类型,前者实习时间在一个月以上,后者为一个月及以内。本文选取通过校园招聘到酒店进行专业实践学习的长期实习生为研究对象。这

① 王娟,夏兰,罗贵萍.酒店实习生人力资源管理现状及对策[J].太原城市职业技术学院学报,2017 (12):30-32.
② 王兴琼.酒店实习生工作满意度及其影响因素研究[J].旅游学刊,2008(7):48-55.
③ 苏建军,刘卫梅,屈学书,等.酒店实习生满意度及其影响因素与实习价值感知的关联性分析[J].旅游论坛,2011,4(1):113-119.熊伟,丁武军,蔡晓梅.基于马斯洛需要层次的酒店管理专业大学生的实习满意度研究[J].江西科技师范大学学报,2013(3):70-76.
④ 张洁,王中可,谢南涛.高星级酒店实习生工作满意度及留职意向研究——以桂林旅游学院酒店实习生为例[J].市场论坛,2019(1):31-34,39.
⑤ Terry Lam,Larry Ching. An exploratory study of an internship program: The case of Hong Kong students. International Journal of Hospitality Management,2006,26(2).
⑥ Faruk Seyitoğlu,Sevket Yirik. Internship Satisfaction of Students of Hospitality and Impact of Internship on the Professional Development and Industrial Perception. Asia Pacific Journal of Tourism Research,2015,20 (sup1).

类实习生拥有酒店员工和学校学生的双重身份,在实习期间接受双层管理,同时实习结束之后直接对接就业,不再需要回校学习。管理有效性是指剔除客观基础条件优劣的影响真正反映由于管理主体主观有效努力而产生经济效益的行为特性,管理有效性理论在人力资源管理方面的应用主要体现在人力资源管理的有效性分析和提升、绩效考核有效性的提升、招聘有效性的分析、培训有效性的分析等方面。

1)研究对象

本文研究对象为万豪酒店集团管理的广州广交会威斯汀酒店(以下简称"威斯汀酒店")。威斯汀酒店位于广州国际会议展览中心,地理位置优越,占地面积超过 2 800 平方米,设施齐全,配备有 325 间客房及套房,拥有 10 个多功能会议厅、4 个餐厅,以及 2 个健身娱乐中心。酒店客流量高,在广交会期间酒店的临时用工增加 20% 左右,这部分的用工大部分由短期实习生组成。

目前威斯汀酒店员工主要从网络招聘、内部提升、员工推荐、招聘会以及校园招聘等渠道加入酒店。截至 2019 年 3 月,酒店在职员工(含实习生)人数为 472 人,员工主要分布在餐饮部及房务部等一线部门。在职实习生人数为 44 人,占员工总数的 10%。2018 年,酒店通过各种渠道招聘到的新入职员工人数 172 人(其中实习生转为正式员工 18 人)。

2)实习生管理概况

(1)人力资源部门的管理

①实习前的工作。实习前的工作包括招聘、入职、培训等环节。前期与各用人部门沟通确定实习生需求,同时与院校沟通实习生数量,酒店直接到院校对学生进行面试,根据学生面试表现及能力安排具体实习部门和岗位。之后安排实习生到店及办理入职手续。新入职实习生要求接受为期 3 天的入职培训。培训形式主要为课堂白板教学。主要培训内容为:万豪国际集团及业主公司相关介绍;威斯汀酒店品牌、酒店企业文化及酒店组织架构介绍;服务标准、电话

礼仪及仪容仪表标准;员工手册简单介绍;食品安全培训及消防实操培训等。

②实习期间的管理。第一,人力资源部门就实习中出现的问题与实习生进行面谈(通常是在实习生提出中断实习的想法时);第二,对住员工宿舍的实习生按照酒店员工宿舍管理规定进行相关管理;第三,为更好了解实习生实习期间在工作及生活方面的问题、实习收获及想法,酒店每月邀请管理层与实习生座谈,开展实习生沟通会;第四,为更好促进实习生与部门经理的沟通,提升实习生对酒店的认同,酒店通常半年组织一次长期实习生出游活动;第五,为更好激励实习生,酒店推出"季度优秀实习生"的项目,每季度各部门经理可向人力资源部提名表现突出的实习生,由行政委员会成员进行投票,选出3名季度优秀实习生。获奖实习生将获得酒店300元奖金,优秀事迹由人力资源部通知学校进行表彰,实习结束转正时优先录用,同时工资比普通实习生转正高一档。

③实习结束离职管理。对于提前中断实习的实习生,酒店人力资源部与其面谈,尝试对实习生进行挽留。对于正常结束实习的实习生,部门经理提前与实习生确定实习结束意向并告知人力资源部门,有转正意向的实习生酒店根据其意愿安排转正岗位及待遇。而没有转正意向的实习生正常办理离职手续,同时酒店按照实习协议报销省外及家乡距离远的实习生的交通费用。

(2)部门的岗位管理

通过与部门经理及实习生的访谈发现,目前部门对实习生的管理与正式员工一样。实习生的工作内容、工作时间及工作强度等与正式员工基本没有差别。部门组织实习生与酒店正式员工一起参加岗位技能等培训;以"老带新"的方式安排较有工作经验的员工对实习生前期的工作进行指导;实习生入职3个月之后,部门经理根据实习生工作表现对其进行工作表现评估并将结果上交至人力资源部。

(3)酒店与学校共同管理

酒店与学校共同管理主要体现在院校老师定期到酒店了解实习生状况,实习生实习期间出现的问题如学校教学任务安排请假、实习生在职期间工作表现问题、实习生因各种原因提出中断实习等方面,酒店方会先与学校老师进行沟通,商量解决相关问题的具体措施。此外,学校管理还包括学校领导慰问,学校给实习生购买保险,老师与实习生团建等方面。

6.3.2　调查过程与结果分析

1)调查过程

(1)问卷调查法

本文采用问卷调查形式收集相关数据,问卷内容包括四部分:第一部分是基本信息部分,其余三个部分包括实习生对酒店文化的认同、对实习岗位及酒店组织各项活动的满意度、培训以及留用等方面的相关调查。问卷选取威斯汀酒店在店实习生、转正实习生及部分离店实习生作为调查对象,主要通过微信发放问卷。问卷发放时间为 2019 年 3 月 28 日,共发放问卷 65 份,收回问卷 59 份,收回率达到 90%。本次问卷调查主要以女性受访者居多,达 67.8%,男性受访者为 32.2%。在生源分布方面,来自广州的比例为 16.95%,来自潮汕、茂名、湛江、阳江等广东其他区域的接近一半,来自黑龙江、辽宁、云南等省外地区的实习生为 35.59%。在学历分布方面,以大专学历为主,达 72.88%。在实习部门分布方面,以餐饮服务部人数最多。在实习时长方面,以 4 个月以上的实习生为主(表 6-4)。

表 6-4　样本基本信息

类别	具体分类	频数	比例/%
性别	男性	19	32.2
	女性	40	67.8
家乡	广州	10	16.95
	广东省内(除广州)	28	47.46
	广东省外	21	35.59

续表

类别	具体分类	频数	比例/%
学历	中专或中技	6	10.17
	大专	43	72.88
	本科	10	16.95
实习部门	前厅部	9	15.25
	客房部	9	15.25
	康体中心	3	5.08
	餐饮服务部	28	47.46
	餐饮厨房	6	10.17
	其他行政部门	4	6.78
实习时长	1~3 个月	4	6.78
	4~6 个月	22	37.29
	7~12 个月	33	55.93

数据来源:问卷调查数据统计。

(2)访谈法

为弥补问卷调查的局限性,采用了访谈法。访谈对象为酒店各部门实习生和部门经理,访谈样本数量为 15 人。根据实习生所在部门及在职状态的不同,共抽取了 13 名来自前厅部、康体中心、客房部、餐饮厨房、餐饮服务部及行政部门的实习生进行访谈,以全面了解酒店各部门实习生对酒店实习生管理工作的具体反馈。再者,酒店实习生分布最多的部门为餐饮服务部,其部门经理及人力资源部门招聘经理对实习生管理工作最为了解,因此受访者选择人力资源部负责实习生管理的招聘经理及餐饮服务部部门经理。访谈形式为微信电话访谈以及面谈。访谈时间选取受访者上班期间休息时间或周末(表6-5)。

表 6-5　受访者编号及属性

	编号	性别	家乡	实习时长	学历	部门	状态
实习生	A1	男	广州	6	大专	餐饮服务部	已转正
	B1	男	广州	6	大专	前厅部	已转正
	C1	男	广州	6	大专	康体中心	已转正
	D1	男	广东省外	10	大专	餐饮服务部	在职
	E1	女	广东省外	10	大专	餐饮服务部	在职
	F1	女	广州	9	本科	客房部	在职
	G1	男	广东省内(除广州)	12	中专	餐饮厨房	在职
	H1	女	广东省内(除广州)	6	大专	行政部门	其他品牌酒店
	I1	女	广东省内(除广州)	6	大专	餐饮服务部	其他行业文秘工作
	J1	女	广东省内(除广州)	6	大专	康体中心	其他行业销售工作
	K1	男	广东省外	8	本科	前厅部	旅游行业
	L1	女	广东省外	9	本科	餐饮服务部	其他品牌酒店
	M1	女	广州	9	本科	前厅部	万豪其他酒店
	编号	部门					
经理	N1	人力资源部					
	O1	餐饮服务部					

数据来源:访谈样本数据统计。

2)调查结果分析

(1)实习薪资满意度

目前酒店根据实习生实习经验及实习期限的不同,分配给实习生不同的实习薪资。经过访谈发现,目前酒店超过85%的实习生薪资为第1—6个月 1 800

元,第 7 个月起实习薪资调至 2 000 元。只有 13%的实习生由于之前有半年岗
位实习经验,且与酒店签订实习用工协议,目前的薪资为 3 400 元/月。通过问
卷调查发现,对于当前实习薪资表示满意或者很满意的实习生比例为 22%,而
认为实习薪资一般的实习生达到 47%,不满意的为 19%,很不满意的为 12%。
通过与实习生访谈发现,大多数实习生认为他们的工作量与工作强度无异于正
式员工,但实习薪资却远远低于正式员工,且整个实习期的薪资没有任何变动;
同时部分实习生由于比普通实习生多半年的实习经验,工资高于普通实习生的
一倍,普通实习生因此认为酒店薪资设置不公平。还有实习生表示一开始对实
习薪酬没有概念,实习之后与其他实习生对比之后会产生不公平的心理。但
是,在访谈中也有部分学生表示,酒店为自己提供了学习和实践机会,因此并不
在意实习薪资的高低。

(2) 实习满意度影响因素分析

通过多选题"您实习中遇到的困难更多来自"的结果,发现影响实习生实习满
意度的因素主要有工作压力与工作强度大、语言压力、人际关系问题等。(图 6-1)

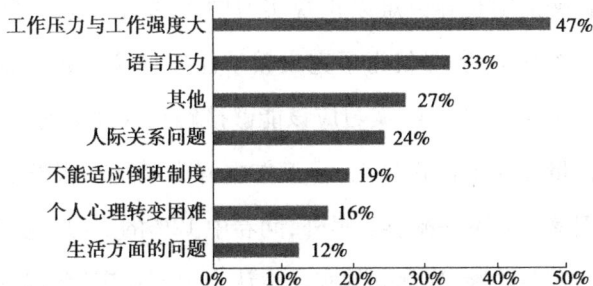

图 6-1　实习生实习中遇到的困难分析

数据来源:问卷调查结果数据统计。

工作压力与工作强度远大于预期。据统计,威斯汀酒店由于地处广交会展
馆中央的优越地理位置,全年接下大大小小的展会超过 250 天,展会期间客流
量之大导致酒店一线部门工作量和工作强度较平时加大。且展会期间工作繁
忙,人手不足,实习生难以申请到假期休假。工作强度与工作压力在展会期间

更突显,容易导致实习生对实习体验满意度的下降。结合访谈发现,33%的实习生认为自己的外语水平并不足以流利地与外国客人交流,但他们每天面对的客人大部分为外国人,无法自信地与外宾客人交流以提供更好的服务更增加了他们在实习中的压力。

与同事相处关系紧张导致对实习工作的失望。24%的实习生对其实习工作的失望主要由与部门个别同事的相处十分不融洽导致。这部分实习生认为,部门中个别正式员工工作态度散漫,对待实习生态度极不好,经常使唤实习生做最基础的工作,不愿意让实习生学习新的知识。因此这部分的实习生认为自己无法与这些同事共同工作和相处,从而影响了他们的实习转正意向。酒店一线部门尤其是前台和餐饮部的实习生经常要上通宵班或者两头班。问卷结果显示有19%的实习生不能适应倒班制度。访谈中有实习生反映,最难以接受的是自己一直上白天班,部门临时安排自己上夜班,等到自己适应了夜班之后部门又把自己换回白天班。班制特别是倒班临时调整使实习生难以调整并适应作息时间,这也导致他们对酒店实习工作的满意度大打折扣。

心理定位转变的困难导致难以正视实习中出现的问题。16%的实习生都认为自己作为学校学生,实习仅为了完成教学任务拿够学分;尤其作为接受过高等教育的大专生甚至本科生,实习应该能够接触到管理类的工作。所以实习过程中发现工作量无异于正式员工,且工作内容为最基本服务工作时,实习生会产生极大心理落差和不平衡感。另外,问卷中12%的实习生认为生活方面的问题影响他们的实习体验,这部分的实习生认为由于员工宿舍管理不够导致的脏乱差尤其影响他们在员工宿舍的住宿体验。

(3)实习生培训的有效性

问卷调查及访谈结果显示,前厅部及餐饮服务部的实习生每天通过例会的形式向部门员工进行培训,培训内容主要为服务技能的分享,尤其是 VIP 客户对服务的特殊需求方面的分享,但并没有专门针对实习生的技能培训。实习生表示语言技能的缺乏加大了他们在实习中的困难,因此他们希望在实习过程中,部门能够有针对性地加强英文培训。问卷调查结果显示,仅44.07%的实习生在职期间接受过语言技能培训。通过访谈发现,由于部门工作忙碌,平时工作期间部门基本不安排英语的相关技能培训。而广交会期间的客人大多数来自国外,对员工及实习生的英语水平有更高的要求。因此在广交会开始前的一周,各部门会通过白板式教学来加强员工及实习生的英语技能培训。

"您在实习期间接受过哪些相关培训"的结果显示,仅28.81%的实习生表示他们接受过酒店及部门在职业发展规划方面的培训,仅6.78%的实习生接受过线上培训等其他方面的培训,这表明酒店及部门在职业引导及线上课程培训等方面明显缺乏。接受访谈的实习生表示,即便在酒店已经实习半年甚至更长时间,他们对本岗位转正的待遇及职业发展路径并不了解,这在很大程度上限制了他们对自身的职业规划。同时,考虑到建立内部系统账户的费用和成本,大部分部门不愿给实习生建立账户让他们接受内部系统的线上培训(图6-2)。

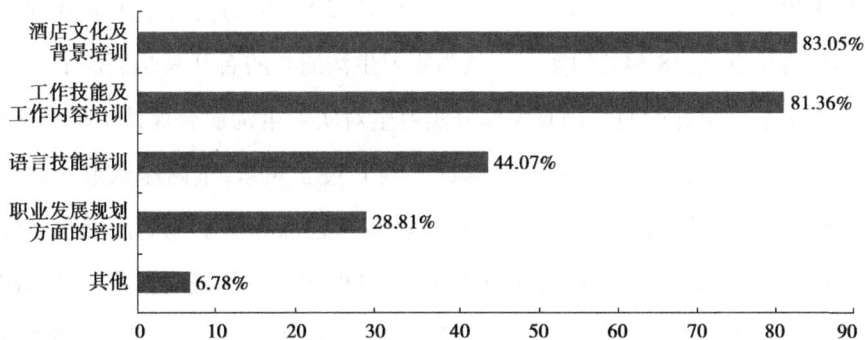

图6-2　实习生实习期接受的培训内容分析

数据来源:问卷调查结果数据统计。

(4)酒店实习生"文化"的营造

酒店实习生"文化"指酒店在实习生管理中,通过各种实习生关爱活动和措施,使实习生产生对酒店的归属感,营造关爱实习生的氛围。目前酒店营造的实习生文化基本无异于正式员工体验到的员工文化,主要体现在日常工作与员工福利上。日常工作中,部门并不会因为实习生的学生身份就将他们区别对待,实习生得到的相关技能培训以及日常工作量几乎和正式员工相同。在福利待遇方面,除了不能和正式员工一样购买五险一金,实习生可以参加酒店每月为正式员工举办的生日会、员工出游、各种员工活动及加餐活动等。酒店对实习生的管理不同于正式员工主要体现在实习生沟通会与实习生出游。

实习生沟通会的实效性。酒店每月召开实习生沟通会,希望通过沟通会给实习生提供一个畅所欲言的发言环境,倾听实习生的实习感受和想法。"您是否愿意在实习生沟通会上发言"的结果显示,只有33.9%的实习生愿意积极分享自己的想法及实习经历,对在实习生沟通会上发言持"被点名才发言""无所谓"想法的实习生达66.1%,以上数据表明绝大多数实习生持被动发言的态度参加实习生沟通会,这与酒店举行实习生沟通会的初衷是相违背的。对酒店管理层出席实习生沟通会,虽然有57.63%的实习生认为通过实习生沟通会能够使实习中遇到的问题得到一定解决,但不能忽视仍有32.2%的实习生认为问题提出来也没有得到有效解决,提不提都无所谓;20.34%的实习生因为管理层在场不好意思发言;18.64%的实习生认为实习生沟通会的召开只是酒店的形式主义。以上数据很好说明了仍有大部分实习生对实习生沟通会保持消极的态度。通过访谈了解到,实习生普遍认为沟通会召开过于频繁,室内座谈形式过于单一拘谨,且每月的主题和流程大同小异,这些问题都降低了他们出席实习生沟通会的兴趣和参与度。在问卷调查中,62.71%的实习生希望通过沟通会解决在工作及生活中的难题;50.85%的实习生希望受到酒店管理层的关心,感受到酒店对实习生的重视;50.85%的实习生希望通过沟通会了解到本实习岗位的晋升制度,从而明确其自身的职业规划;49.15%的实习生愿意通过实习生沟通会收到领导层委派给自己的酒店管理研究项目。

实习生出游福利问题。52.54%的实习生表示出于部门排班、有其他安排等原因,没有参加酒店组织的实习生出游活动,这表明酒店在实习生出游的组织方面落实不够。在"您参加实习生出游的原因"的问卷调查结果中,仅25%的实习生表示刚好休假有时间因此参加实习生出游,仅14.29%的实习生认为实习生出游中可以和部门经理更好地交流,这表明部门经理实际出游中扮演的角色并不能够达到酒店安排实习生出游的目的。对于部门经理参加实习生出游能否实现在游玩中提高实习生对酒店的认同、提高留用率的预期,实习生表示,出游应该是一种工作之余放松身心、增进与部门经理及其他实习生交流的活动,不应该在游玩娱乐时间还将工作放在一起,谈及职业发展规划及实习结束意愿方面的问题。

(5)实习生留用情况

关于实习结束之后的安排,愿意在本酒店(包括本岗位及其他部门)转正的实习生占比27.12%,愿意继续在酒店行业发展(包括万豪其他酒店及其他酒店品牌)的实习生仅11.86%;而继续读书深造、到其他行业发展以及其他安排的实习生分别占比27.12%、18.64%、15.25%。通过访谈了解到,实习生留用率并不高,其不愿意在酒店行业的主要原因是工作强度与工作压力大,这与问卷调查的结果大致相同。其次,酒店行业薪资偏低也是他们不愿意留下的原因,这部分实习生表示自己将离开酒店行业从事房地产、教育、旅行社等行业。少数实习生表示不能适应酒店倒班制度。还有部分原因是实习生不愿从事基层服务岗位或者省外实习生离家太远等。

综合以上调查分析可知,实习生实习满意度不高,主要来源于酒店工作压力与语言压力。酒店薪资偏低不能达到预期严重影响实习生实习满意度及留用率,实习生因此转行甚至跳槽到工资高、工作环境及工作时间稳定的行业工作。酒店尽管在管理方面努力为实习生做了大量工作,希望营造关爱实习生,让实习生有归属感、获得对酒店的认同的文化氛围,但收效甚微。

3)实习生管理中存在的问题

(1)缺乏专门的实习生管理制度

酒店的员工手册上没有专门关于实习生管理的相关条例,在日常对实习生的管理中全部沿用酒店对正式员工的管理。但实习生的工作经验、心理成熟度、双重身份等不同于正式员工,同时院校作为实习生实习的第三方参与者,在实习生相关管理问题的处理上,正式员工的管理条例远远不足以解决实习生管理中出现的相关问题。因此,一套以实习生为主体的管理制度是酒店目前实现实习生有效管理所必需的。

(2)酒店实习生文化表面化

为提高实习生对酒店的认同,更好了解实习生的想法,提高实习生留用率,尽管酒店已经做出很多投入与努力,如实习生沟通会及实习生出游等项目。但通过访谈发现,实习生普遍认为当前酒店针对实习生做的一系列活动过于表面化与形式化,忽视了与实习生的情感交流及实习生的真实感受,因此并不能提高他们对酒店的认同度。酒店在实习生沟通会上邀请管理层出席,希望为实习生解答实习期间的困惑,但实习生反而因领导层在场不好意思发言。每月实习生沟通会主题几乎一致,并没有了解实习生希望通过实习生沟通会获得的内容,因而即便每月召开实习生沟通会,并不能很好地使实习生感受到酒店对实习生的关怀,提高对酒店实习生文化的认同。酒店安排实习生出游希望实习生因此感受到酒店对实习生的关怀,并安排部门经理与实习生共同出游,希望在出游中促进部门经理与实习生的交流从而提高实习生对酒店的认同。但是由于部门安排休假不合理等原因,过半的实习生没能够参加出游活动,且实习生并没有很好地体会到部门经理在出游中的角色。

(3)培训内容缺乏针对性

酒店对实习生的入职培训、部门工作技能培训与正式员工相同,但实习生没有相关的工作经验,学习能力和接受能力等不同于酒店的正式员工。从实习生的角度来看,他们更愿意通过酒店的各种培训了解酒店的背景文化、工作岗位的相关技能知识,不断解决自己在实习期间遇到的技能问题。但酒店对他们的培训主要集中在入职第一周以及与正式员工一起的关于平常岗位需求的短期培训,并没有针对性地制订实习生培训计划和内容,这对于实习生加强对酒店文化的认同、对岗位技能知识的掌握等有一定的弊端。

（4）对实习生职业发展引导不够

在实习生的角度,他们希望通过半年甚至半年以上的实习期了解到自己实习转正的待遇、本岗位的晋升发展路径等,从而对自己的职业生涯发展做出更好、更明确的规划。但大部分实习生直到实习将近结束,对酒店对实习生的留用培养计划仍然保持模糊的态度,而酒店在实习生沟通会、部门引导等各方面并没有给实习生明确的职业引导,这更容易导致实习生实习结束之后不选择转正甚至不愿意继续留在酒店行业发展。对于即将结束实习的实习生,酒店部门经理会了解他们的留用意向,明确表示转正的实习生就开始走转正流程;而对于不明确或者不愿意转正的实习生通常部门不会做过多的争取,缺乏像正式员工一样的离职挽留制度。同时,对于提出中断实习的实习生,酒店找其面谈的原因是想了解真正想法,但往往由于实习生的强硬态度及酒店想要留下实习生的意愿不足,实习生最终仍选择结束实习,而这个过程也没有相关的书面记录以便更好地追踪实习生离职情况。再者,对于结束实习的实习生,酒店缺乏对他们的情况追踪和记录,这不利于更好地了解这部分实习生的想法,更有效地改进实习生管理。

6.3.3　酒店实现实习生有效管理的对策

1）建立系统的实习生管理制度

实习生招聘规范化。根据酒店各部门、各岗位的用人需求及实习生的面试表现和意愿确定实习生实习岗位,在实习生入职前将酒店提供的实习岗位和具体工作内容通知实习生,双方达成一致后协商入职时间。确定实习生个人具体信息及岗位后,拟订实习生实习协议。实习协议中具体说明实习生薪酬待遇、实习时长以及中断实习后情况酒店的处理情况等相关问题。对于提前中断实习的实习生,酒店提供的实习证明上说明其"中断实习"的具体情况,实习单位意见也会写明"中断实习",而不提供普通实习生结束实习的实习证明。尤其是有半年同岗位实习经验的实习生的薪资高于普通实习生,这一点要在他们的实习协议中说明;同时,对于这部分实习生中断实习的情况,酒店有权不提供实习证明。实习生入职当天,针对实习协议内容向实习生进行进一步解释说明,再作进一步的实习协议签署工作。

针对性地开发实习生培训课程。实习生的学习能力、接受能力及工作技能等方面与正式员工有所区别,酒店及部门相关培训不应仅仅采用对正式员工的培训计划。为了更有效地进行实习生培训,酒店及部门应从入职培训、部门技能培训等方面针对实习生制订具体的培训计划和培训内容,通过白板式教学和角色扮演实际操作等各种形式,激发实习生的学习兴趣,提高实习生的工作服务技能。同时,在酒店生意淡季期间加强实习生的语言及服务技能培训,设置一定培训目标和标准,开发实习生培训课程,更科学合理地安排实习生培训。

制订实习生培养计划。实习生入职前,酒店及部门制订实习生培养计划,确定实习期间部门希望实习生达到部门工作要求的层次,并根据该层次对实习生制订专门的培养计划;及时对培养的效果进行评估,了解实习生的想法和意愿,以便及时调整实习生的培养计划。实习生决定留任时,人力资源部与部门经理与其沟通确定转正的意向,根据其能力及酒店用人需求确定转正后的岗位,制订实习生在该岗位上 1 年内以及 3 年内的具体培养计划和评估方案,让实习生了解其在转正岗位上应该努力的方向。

2)建立实习生梯级薪酬体系

首先,由于酒店目前给的实习生薪资与行业水平类似,且在日常的工作中,实习生相较正式员工,部门需要有相对多的投入,则正式员工薪资高于实习生是合理的。而对于部分有半年同岗位实习经验的实习生,他们的实习薪资与普通员工几乎等同,原因是他们接受过同岗位半年的实习经验,与酒店口头协商经过 3 个月实习期且顺利拿到毕业证后,要留在酒店转正成为正式员工,因此他们的身份并非普通实习生,而是与酒店协议将转正成酒店正式员工的实习生。因此酒店对这部分实习生的薪资应该加强疏导和说明,避免带来实习生的误会。

其次,对于普通实习生,酒店应建立实习生薪酬体系。实习生的薪资可根据实习时长每 3 月进行一次薪资的调整。刚入职的实习生薪资每月调至 2 000 元,实习 3 个月之后调至 2 200 元/月,实习 6 个月之后调至 2 400 元/月,以此类推,增加实习生的薪资梯度以提高实习生的实习积极性。

最后,除了基本的薪资调整,落实"季度优秀实习生"项目,优秀实习生该月薪资增加 300 元。对于实习结束后确定转正的实习生,实习结束前当月其工资增加 100 元,以鼓励实习生的留任意向。同时,在实习生结束实习并确定转正的前半个月,酒店应提前拟订协议,与实习生洽谈转正之后的薪资待遇,使实习生明确其实习结束之后的待遇,以使实习薪资更为明了。

3)在管理中将"关爱"文化贯彻到实处

营造良好的关爱实习生的氛围。老万豪先生说,如果你照顾好我们的员工,那么我们的员工将照顾好我们的客人,客人们就会不断回来。首先,酒店及部门在实习期间应从各方面关注实习生的工作状态,部门应该营造良好的工作环境和工作氛围,平等对待实习生与酒店正式员工,部门工作中保持良好的员工人际关系,对实习生投入一定的关怀,不定期了解其实习期间的各种情况。其次,部门经理应及时了解实习生实习中遇到的困难,与人力资源部协同通过各种方式解决遇到的困难。

重视与实习生的沟通及实习生的想法。首先,丰富实习生沟通会的主题和形式,调整沟通会召开的频率至每两月一次,在沟通会流程中增加互动环节,提高实习生在沟通会上的参与度。其次,增加匿名信投递的渠道,为实习生在沟通会上无法提出的想法和建议提供一个畅所欲言的方式,更全面地了解实习生的想法从而及时解决相应的问题。最后,实习生活动前期,了解实习生的休假时间及意愿,合理安排实习生活动的时间;活动后期,追踪实习生对活动的反馈,了解本次实习生活动所存在的不足,以便对下次活动作出更好的改进。

4）加强实习生职业发展规划的引导

酒店在实习生入职培训时,适时引入酒店各部门岗位的简单介绍及发展路径,激发实习生对所在岗位的兴趣。实习生在职期间,酒店及部门经理就实习生在职业发展路径方面的困惑提供帮助和解答。不定期开展实习生职业规划引导的座谈会,邀请酒店管理层及部门经理为实习生进行职业规划的引导。实习生实习结束前期,人力资源部了解实习生去留意向,根据自身职业定位和意愿为其提供建设性建议和选择。对于不愿意留任酒店的实习生,酒店应该了解这部分实习生的真实想法,包括对实习工作、酒店及部门实习生管理工作等各方面的想法,以及结束实习之后的安排等,同时将面谈内容相应记录下来,做好离职实习生的反馈工作。再者,可以通过实习生微信群、对院校老师的回访等形式,定期追踪结束实习的实习生的去向以及相关的反馈,有利于酒店了解实习生离职原因,挖掘在实习生管理方面所存在的不足,更好地改进实习生管理工作。

通过对广交会威斯汀酒店实习生的问卷调查及访谈,酒店目前的实习生管理仍存在效率低下的问题,主要体现在专门的实习生管理制度没有得到构建、实习生薪资水平及激励制度不够完善、实习生培养计划及对实习生的职业引导不够明确以及酒店营造的实习生文化趋于表面与形式化等方面。为提高实习生实习体验满意度及酒店实习生管理的有效性,本文建议酒店专门建立实习生管理制度,从实习生薪资体制更公平科学、实习生关怀落到实处、有计划有针对性做好实习生培训及实现实习生有效激励等方面加强实习生的有效管理。一方面,课题研究中涉及的酒店实习生资料主要来源于酒店人力资源部,且数据集中在 2018 年,由于笔者实习工作性质的限制,无法收集齐以往年份实习生的相关资料进行整合,更好地进行比较和研究;另一方面,课题研究的深度还有待提高,最后提出的对策缺乏一定的实践性,这需要在日后进一步完善。

附件1 广州大学关于组建实验班的系列通知和文件

附件1-1 关于征集校企合作共育人才实验班意向的通知

各学院：

　　为了加大校企协同育人模式的改革力度,推进相关专业根据自身实际和社会需要大胆探索有针对性的可行的协同育人模式,提高应用型人才培养质量,现向应用型专业征集校企合作共育人才实验班意向。合作企业的基本条件:具有合作意向、先进技术、设备、管理理念、管理团队、较强社会责任感的行业内知名企业。请各单位向相关专业负责人传达通知,搜集意向并填写"校企合作共育人才实验班意向征集表"(见附件),于10月9日前将经主管院长签字并加盖院公章的纸质版报送校教务处实践教学科(行政西后座208室),同时将电子版OA发至教务处实践科。

联系电话:39366××1

教务处

2014年9月23日

附件1-2　关于开展2015年度校级校企协同育人实验班立项申报工作的通知

各学院(单位)：

为了加大校企协同育人模式的改革力度,进一步深化我校教育教学改革,提高应用型人才培养质量,学校决定开展2015年校级校企协同育人实验班立项申报工作。现将有关事项通知如下：

一、指导思想

以教育部《全面提高高等教育质量的若干意见》文件精神为指导,以提高实践能力和创新意识为重点,积极探索我校应用型专业与行业企业联合培养人才模式,实施人才培养模式的多样化改革,在教学理念、教学方式、管理机制等方面进行创新,努力形成有利于高素质创新性应用型人才成长的培养体系,构建我校校企协同育人新模式,促进我校人才培养质量进一步提高。

二、申报条件

1.校企协同育人实验班仅针对应用型专业,且2015年开展与所在行业龙头企业合作培养的试点,实验班规模至少20人。

2.突破旧有模式,侧重与行业企业合作开展人才培养模式的综合改革。对本领域应用型创新人才培养具有较为深刻的认识和理解,有明确的工作思路、目标和措施,尤其是企业学习阶段的培养目标、学习内容、学习方式、学习安排、质量保障。

三、申报组织工作

1.《广州大学校企协同育人实验班立项申报书》,用A4纸打印,一式5份,向所在学院提出申请。项目申报书内容可增加插页,但不需提供无关材料。

2.学院组织对申报项目进行初评,确定向学校推荐的项目及排序,并填写《申报广州大学校企协同育人实验班项目一览表》。

四、立项资助与管理

1.申请立项的项目,研究时间统一为 2015 年 4 月—2016 年 7 月,未能按时结题的项目经申请批准后可延长一年;延期后仍不能按期完成的终止研究。

2.经批准立项的项目,须签订合同书;项目承担者须严格执行合同,保证按期完成。因特殊情况需修改任务指标的,负责人须提出书面申请,经学校审核批准后生效。

3.项目研究成果包括实施方案及实施效果分析、研究报告等。

4.本次批准立项项目将视潜在的效果择优推荐申报省级人才培养模式创新实验区项目。

五、申报时间

各单位于 2015 年 4 月 3 日前将《申报广州大学校企协同育人实验班项目一览表》和推荐项目《广州大学校企协同育人实验班立项申报书》(纸质版)各 1份交教务处实践教学科,并将电子版通过 OA 发至教务处实践科。逾期不予受理。

教务处

二〇一五年三月二十四日

附件 1-3　广州大学关于公布 2015 年校企协同育人实验班立项项目的通知

校属各有关单位:

根据相关文件要求,经专业申报、学院推荐、专家组评审答辩,学校确定“声像灯光校企协同育人实验班”等 4 个为 2015 年度校级校企协同育人实验班立项项目,现予以公布(详见附件)。

项目负责人和成员要认真组织与实施,确保校企协同育人实验班工作的有序、正常开展。项目所在学院要加强指导与管理,为项目开展提供政策和条件保证。希望各立项项目积极构建校企协同育人新模式,为促进我校人才培养质量进一步提高树立典范。

广州大学

2015 年 6 月 25 日

附:广州大学 2015 年校级校企协同育人实验班立项项目一览表

序号	项目名称	项目负责人	所属学院
1	声像灯光校企协同育人实验班	张承云	机械与电子工程学院
2	广播电视编导人才协同培养创新实验班	夏清泉	新闻与传播学院
3	"飞航"酒店管理实验班	肇博	旅游学院
4	测绘新技术实验班	谢鸿宇	地理科学学院

附件 1-4　关于 2015 年度校企协同育人实验班立项项目相关工作的通知

各相关学院:

我校 2015 年度校企协同育人实验班立项项目已确定并发文(广大〔2015〕127 号文),为做好相关工作,现将有关事项通知如下:

一、制订人才培养方案

各立项项目根据《修订后专业课程设置及教学进程表》,加上本专业原前 3 年或 2 年的人才培养方案,按照《校企协同育人实验班人才培养方案有关规定》制定"××××"实验班人才培养方案。如总学分/总学时超过原毕业专业总学分/总学时,则在总学分/总学时下面增加一栏毕业总学分/总学时。

二、做好教学和实践活动工作周程

各实验班要根据"××××"实验班人才培养方案,做好"××××"实验班 2015—2016 学年第一学期教学和实践活动工作周程,填写《××××实验班 2015—2016

学年第一学期教学和实践活动工作周程》。

××××实验班 2015—2016 学年第一学期教学和实践活动工作周程

周次（日期）	工作内容
假期	
第 1 周	
...	

填表人：　　　　　　　　学院领导签字（盖学院章）：

三、填报校企协同育人实验班学生一览表

各专业实验班负责人要按照《2015 年××××专业校企协同育人实验班学生一览表》格式要求,填报校企协同育人实验班学生一览表。

2015 年××××专业校企协同育人实验班学生一览表

学院主管领导及电话：

实验班负责人及电话：

带队（指导）教师及电话：

序号	姓名	性别	学号	原专业	联系电话	学习和实践单位名称、地址
1						
2						
3						
4						
5						
6						

续表

序号	姓名	性别	学号	原专业	联系电话	学习和实践单位名称、地址
7						
8						
9						
10						

填表人：   学院领导签字（盖学院章）：

四、广州大学××××实验班工作手册

1.以上材料请于 2015 年 7 月 13 日前上交教务处实践教学科。

2.为规范实验班工作管理,建议每个实验班印制《广州大学××××专业实验班工作手册》,内容包括:校企协同育人单位简介、××××专业校企协同育人实验班学生一览表、××××专业实验班人才培养方案(修订后专业课程设置及教学进程表)、××××专业校企协同育人实验班 2015—2016 学年第 1 学期教学和实践活动安排表、××××专业实验班学生管理规定、××××专业实验班学生安全守则等,学生人手一册。

广州大学教务处
2015 年 7 月 7 日

附件 1-5　校企协同育人实验班人才培养方案有关规定

1.实验班的人才培养方案制订

我校校企协同育人实验班采取"3+1"或"2+2"的方式进行。因此,各相关学院应参照当年《人才培养方案制定的指导意见》和《人才培养方案课程编码编制规则》,按照专业方向制订各实验班第四学年或第三和第四学年的人才培养

方案。原则上学生在企业学习与实践时间不少于 1 年。企业学习与实践安排在教学周进行的,每周 1 学分;在寒暑假进行的,每 2 周计 1 学分。总学分和各模块学分可以超过本专业其他方向。

2.教学任务落实

实验班在企业学习与实践课程或环节,要在学校教务管理系统中落实教学任务,校内指导教师负责登分。

3.实验班学生毕业审核学分标准

实验班学生毕业应取得的总学分、必修课学分、通识类选修课学分等要求与所在专业非实验班学生相同,专业选修课模块学分可以有区别。

4.专业选修课模块学分冲抵

专业选修课模块学分不足时,若专业选修课程内容与企业课程或环节的内容相关,经学院认定,可以用企业相应的课程或环节学分冲抵。否则,不予冲抵。

附件 1-6　关于校企协同育人实验班人才培养方案编制与录入要求的通知

各相关学院:

我校 4 个校企协同育人实验班工作已启动,各实验班负责人及相关教师也做了大量的工作,现就校企协同育人实验班人才培养方案编制与录入工作的相关事项通知如下:

一、编制工作

1.除了后 2 年或 1 年课程设置与原专业不同外,在专业培养目标、专业主要发展方向、专业基本培养规格、修业指导等方面也要体现校企协同育人。也就是说,编制校企协同育人实验班人才培养计划时,专业培养目标、专业主要发展方向、专业基本培养规格、修业指导等方面也要作出相应的修改。

2.实验班的人才培养方案制订的规定和编码。

（1）实验班的人才培养方案制订的规定,按照附件1要求执行。

（2）各专业实验班代码如下:

①旅游管理专业（校企协同育人实验班）人才培养方案:1027。

②广播电视编导专业（校企协同育人实验班）人才培养方案:2041。

③地理信息系统专业（校企协同育人实验班）人才培养方案:0141。

④电子信息工程专业（校企协同育人实验班）人才培养方案:0741。

（3）课程编码

关于课程编码的问题,按照以下要求执行。

①如果是沿用原来的课程,课程编码必须要用回原来的。

②如果对课程名称、总学分、总学时任一信息进行了修改,课程编码必须重新编制。

③课程编码编制规则:

a.旅游管理专业（校企协同育人实验班）和广播电视编导专业（校企协同育人实验班）使用2013年的编码规则,即:13+专业代码（4位）+课程属性（1位）+流水号（2位）。

b.地理信息系统专业（校企协同育人实验班）和电子信息工程专业（校企协同育人实验班）使用2012年的编码规则,即:00+专业代码（4位）+课程属性（1位）+流水号（2位）。

课程属性:集中性实践教学环节课程属性代码为4。

二、录入工作

①旅游管理专业（校企协同育人实验班）和广播电视编导专业（校企协同育人实验班）,通过人才培养方案管理系统录入。前两年的课程设置与教学进程不修改。

如果是本专业独有课程,如没有特殊要求,人才培养方案管理系统可自动生成课程编码,如果有要求,可对课程编码进行修改。

②地理信息系统专业（校企协同育人实验班）和电子信息工程专业（校企协同育人实验班）,由于管理系统已关闭2012级人才培养方案的修订权限,请在

附件的电子稿中修改,在专业课程设置及教学进程表中,前三年的课程,除在课程编码前加上 00,其他内容不作任何修改。

三、时间安排及上报材料

2015 年 9 月 18 日前完成校企协同育人实验班的人才培养方案的编制与录入工作。各校企协同育人实验班人才培养方案制订完成后,打印 2 份书面稿(教学院长签字、盖学院章)上交教务处实践教学科,地理信息系统专业(校企协同育人实验班)和电子信息工程专业(校企协同育人实验班)的人才培养方案仅上交电子稿。

特此通知

附件 1:校企协同育人实验班人才培养方案有关规定

附件 2:地理信息系统专业人才培养方案(2012 级)

附件 3:电子信息工程专业人才培养方案(2012 级)

广州大学教务处

2015 年 9 月 9 日

附件 1-7 实验班学生管理规定

1.学生选拔

(1)选拔程序采取学生自愿申请、企业面试初选,考核内容包括综合素质、心理健康、酒店就业及发展倾向等。

(2)每学年春季学期面向二、三年级学生选拔组班。

2.学生管理

(1)实验班学生在大学本科正常学习阶段内学籍不变,须同时遵守广州大学学生管理相关规定和企业管理规定。

(2)实验班学生 1—3 年级在原班管理,企业授课及实习期间按照《广州大学普通本科生课程考核管理办法》《酒店管理实验班实习管理制度》执行。

(3)三年级第一学期开始独立成班,为实验班配备一名专职班主任(导师），实行班级管理与导师组管理相结合的管理模式。

3.教学与学籍管理

实验班第一到三学年教学在广州大学按照原班级人才培养方案进行，同时执行《酒店管理实验班人才培养方案》，第四学年教学在铂涛集团进行。

4.实验班学生毕业与退出

（1）正式录取的实验班学生须与学校签订协议。

（2）不能适应实验班教学要求的，可在大学三年级第一学期校历第 2 周前书面向学院申请退出，学院在一周内答复并上报学校备案。

（3）经批准退出的学生学籍退回原专业继续学习。

（4）第三学年第一学期校历第 3 周开始不接受退出。

（5）实验班学生按照《酒店管理实验班人才培养方案》修读相应课程，并按照《广州大学普通本科生学籍管理规定》关于毕业资格的条款执行。

5.本规定由广州大学旅游学院解释，自 2015 年 6 月起实施

附件 1-8　实验班学生安全守则

为了加强"飞航"酒店管理实验班学生安全教育和管理，维护正常的教学、实习和生活秩序，保障学生人身和财物的安全，促进身心健康发展，顺利完成实验班期间的课程学习和实习，特制定本守则。

第一条　学生必须严格遵守国家法律、法规和学校及合作企业的各项规章制度，注意自身的人身和财物安全，防止各种事故的发生。

第二条　学生在日常教学及各项活动中，应遵守纪律和有关规定，听从指挥，服从管理；在公共场所，要遵守社会公德、增强安全防范意识，提高自我保护能力。

第三条　学生应严格遵守宿舍管理规定，自觉维护宿舍的安全，假期留宿学生按照广州大学相关规定进行办理，注意住宿，提高自我管理能力。

第四条　在广州大学校内的课程学习和生活，严格按照广州大学学生管理相关规定执行。

第五条　不参与任何危害社会秩序的活动;不从事非法传销活动;不参加国内外非法宗教组织和活动。

第六条　参加铂涛集团企业课程和实习中,严格遵守铂涛集团各项规章制度和管理规定。

第七条　企业实习中按照学校要求每位学生均需购买保险。

第八条　离开学校到企业上课及实习的往返途中注意交通安全,并且注意防盗、防骗,提高自我保护意识,保护个人的人身和财物安全。

第九条　企业实习中提高安全防范意识,提高自我保护能力,安全生产,听从指挥,服从管理,严格遵守操作规程和安全制度。

附件 1-9　广州大学关于公布 2017 年校企协同育人实验班立项项目的通知

校属各有关单位:

根据相关文件要求,经专业申报、学院推荐、专家组评审答辩,学校确定《声像灯光校企协同育人实验班》等 12 个项目为 2017 年度校级校企协同育人实验班立项项目(详见附件),现予以公布。

项目负责人和成员要认真组织与实施,确保校企协同育人实验班工作的有序、正常开展。项目所在学院要加强指导与管理,为项目开展提供政策和条件保证。希望各立项项目积极构建校企协同育人新模式,为促进我校人才培养质量进一步提高树立典范。

附件:广州大学 2017 年校企协同育人实验班立项项目一览表

广州大学

2017 年 6 月 9 日

附件　广州大学 2017 年校企协同育人实验班立项项目一览表

序号	项目名称	项目负责人	所属学院
1	声像灯光校企协同育人实验班	张老师	机械与电子工程学院
2	旅游管理校企协同育人实验班	肇老师　李老师	旅游学院
3	测绘新技术实验班	谢老师	地理科学学院
4	生物技术校企协同育人实验班	舒老师	生命科学学院
5	广播电视编导人才协同培养创新实验班	夏老师	新闻与传播学院
6	网络技术校企协同育人实验班	郭老师　李老师	计算机科学与教育软件学院
7	电力电子校企协同育人实验班	杨老师	物理与电子工程学院
8	应用心理实验班	郭老师	教育学院
9	智能电网校企协同育人实验班	王老师	机械与电气工程学院
10	智能技术与安全校企协同育人实验班	钟老师	数学与信息科学学院
11	影视文学人才校企协同育人实验班	王老师　褟老师	人文学院
12	工程造价专业校企协同育人实验班	陈老师	工商管理学院

附件2 实验班成长实录

附件2-1 学生学习企业课程实录

课程笔记

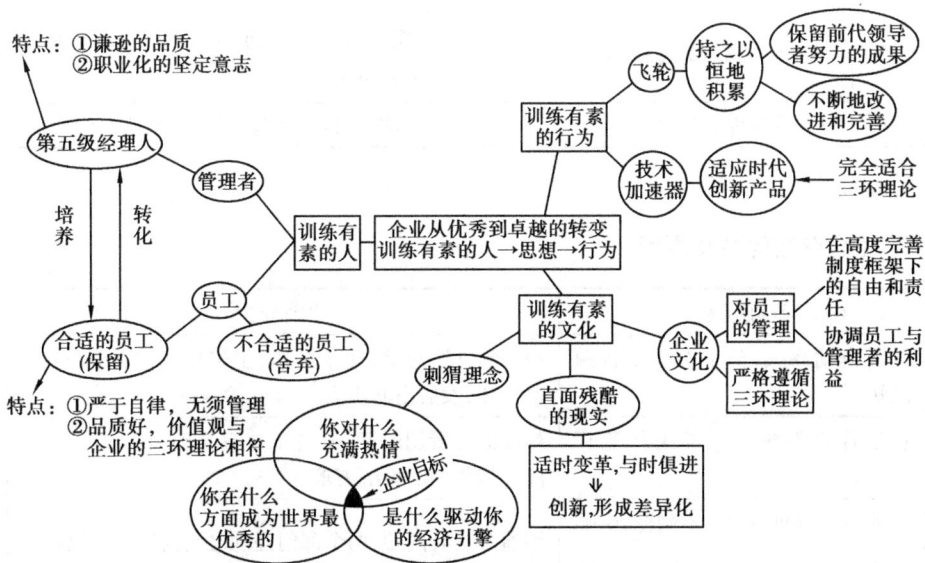

附图1 《从优秀到卓越》读书笔记（2017届何洁萍）

上课作业之一（铂涛集团）

结合本部门的工作，写一个部门工作概要，举例说明存在的问题及原因分析。

(1)麗枫酒店客房部部门工作概要

麗枫酒店客房部部门工作概要		
管人	客房部人员管理	人员的任用、培训、考核、薪酬等。
	服务员房间清洁	脏房、续住房、空房的清洁以及检查。
管事	客情处理	对客服务、发生在客房的突发情况处理、投诉处理等。
	成本控制	易耗品使用、水电使用、洗涤费、人力成本等的控制。
	与其他部门的协调合作	配合前台查房，报干净房，遗留物品处理，小商品消费情况，对客服务等。
管物	布草管理	布草的送洗、回收、盘点，布草间管理。
	仓库管理	仓库的卫生、物品保管、摆放、盘点等。
	设施设备的保养及维护	地毯、家具、地面、电梯、金属件、玻璃镜面等的保养及维护。
	其他客房财物管理	楼层钥匙、对讲机、清洁保养工具等的管理。

(2)存在问题及原因

存在问题	原因分析
人员流动率大，员工在职期普遍较短。	员工独立于总部，属于分店，工资待遇较低，工作相对乏味，发展空间不大。
员工普遍不按照标准工作流程工作。	标准流程所用时间长，员工要有足够大的工作量才能支持他们的薪酬需求。
与前台部门间的沟通不到位，影响工作。	沟通工具有问题，两个部门经理之间沟通不到位。
部分房间问题较多，设施设备保养不到位。	工程问题、质量问题，筹建时没有按照标准。

(3)问题分析

第一,人员流动率大,员工在职期普遍较短。客房服务员岗位技能要求较低且比较容易上手,员工在此工作也只是为了赚钱,很少有职业发展规划的考虑。分店的员工属于分店编制,不属于总部编制,也就是酒店的加盟商,而总部又不能完全规定分店员工的福利待遇。很多分店的投资人为了节省劳力成本并不愿意给员工很好的待遇,即便是编制属于总部的店长也不能为员工争取太多的福利待遇。而酒店的工作本来就比较乏味,加上工作的氛围不太好,员工工作缺乏热情。不仅仅最基层的员工如此,连基层管理者也是一样,工作量过大,看不到晋升的希望。既赚不到钱,工作又不开心,更谈不上发展空间。种种原因导致员工流失率大。

第二,员工作业流程与标准流程存在不一致。总部给出很多的员工作业标准,而标准流程的设置很多缺乏相关人力、物力等的支持。客房服务员的基本工资较低,要依靠提成才能支撑他们的工资收入。提成是根据保底的做房数,以超出数量为准算的。如果所有的工作都按照标准流程做,一般的服务员也只能完成保底的工作量,很难拿到提成。为了节省时间他们只得按照自己的方法去做,在不影响卫生质量的情况下,为了留住人,基层管理人员也只能默许。

第三,与前台部门间的沟通问题。前台工作最容易出错误,其中就涉及影响客房工作方面的,如房态核实情况、查房情况等。客人服务员与前厅部门的沟通不够流畅,作为两个部门间的沟通工具——对讲机也总是出现问题,对讲机没有耳机,前台对讲机经常没有信号,收到也没有即时回复,而这个很容易解决的工具问题却一直没有人去跟进。两个部门经理主动协调沟通不足,给基层的员工向客人提供服务造成障碍,进而影响工作的热情。

第四,房间设备与保养问题。由于前期的工程做得不到位,导致部分房间的遗留问题较多,影响房间的售卖与顾客体验,设施设备保养也不够到位。如经常发现的下水道异味、墙纸天花板脱落等问题,这些问题在房态紧张的时候严重影响消费者体验,给服务人员也造成困扰。设施设备的保养关系到酒店的使用寿命与顾客体验。从长期来看,保养得好不仅可以节约延长使用寿命,更能给顾客提供更好的住宿体验。

(2017 届陈小梅,2017 年 1 月)

上课作业之二(万豪国际集团)

本次作业为 2018 年秋季学期的"集团管理下的本地化管理"课程作业,提交学生为广州 W 酒店实习生,作业也是以广州 W 酒店为例。

万豪成为世界上最大的酒店管理公司后,根据对品牌之声、概念的细节的对比,将 30 个品牌重新定位,从酒店类型、定位和功能三个维度进行划分,迎合市场上不同消费者的需求。而 W 酒店被划分在特色奢华型品牌中,就像是一名二十来岁的潮流女孩,年轻而充满活力,他带给人最多的不是尽善的服务,不是最完美的设施设备,而是年轻富有朝气的心态。走进 W 酒店,不仅是视觉上的享受,更是灵魂上的享受。W 酒店最大的特点就是它不仅是酒店,也是社交俱乐部。W 酒店把前台称为 Welcome,无形中创造了一份亲切感,以 Whatever Whenever 代替传统的礼宾部,没有传统的大堂吧区域。

创意无限,挖掘广州 W 酒店的个性。作为国家改革开放的前沿城市,随着海外人士及企业的入驻以及大众收入水平的提高,对旅游住宿消费的需求使广州的高星级酒店数量增长很快。在顾客选择上,酒店位置可以算是最重要的因素,客人住在广州 W 酒店无法欣赏广州珠江夜景,也不能直接步行至展馆会场,但是,在竞争如此激烈的酒店行业中,若没有自己的创新和特色,任何酒店都是无法长久存活的。广州 W 酒店之所以还能源源不断吸引着新客以及留着旧客,我总结了以下几点原因:

(1)设计的创新

在广州 W 酒店实习期间,我听到最多来自客人的声音便是"这酒店好像夜店呀!"带着朋友过来入住时很骄傲地介绍着"这是广州最时尚的酒店!"是的,W 品牌的目标受众是"特立独行者"。光是通过一个大堂——潮堂就已经让顾客们眼前一亮,断言这是广州最时尚的酒店。

许多酒店的大堂都是前台为主,大堂吧为辅的设计结构,这让客人进入酒店后还来不及坐下喝一杯稍稍休息,好好欣赏酒店设计就匆匆忙忙办理入住直接上房了。从酒店的外观来看,没有什么特别的,而且酒店大门也很小,很多客人第一次来都找不到入口。进门后的屏风挡住了里面的景色,为此增添了一份神秘感。各种类型的沙发桌椅,像家一般自在舒适。有一些顾客跟我们说酒店大堂灯光太暗了,他们看不清楚;还有一些顾客说过酒店前厅的设计结构太复杂了,他们找不到上客房的电梯以及办理入住的前台。然而你还会发现另外一种现象,只要是年轻一辈的顾客,不管是来酒店用餐的还是住宿的,走进酒店后第一件做的事永远都是拿出手机各种拍照,特别是在潮堂,就连前台的鲜花摆设以及狗狗雕塑都未能幸免,这正体现了 W 品牌的受众目标,绝大部分客人都是四十岁以下的时尚潮流者,追求刺激与特殊。

(2) 音乐与美酒的创新

W 品牌核心激情点之一便是 W 音乐,W 会聘请最著名的音乐者为酒店创作专属的酒店音乐。不仅在整个大堂、FEIBAR 和酒店里的各个公共区域播放着,就算是接送机的专车里都会播放着在任何音乐软件里都找不到的潮流音乐。每天晚上,当别的酒店还在播放着各种优雅的世界名曲时,广州 W 的音乐DJ 已经在 WOOBAR 磨碟混音播放再混音,伴随着色彩斑斓的灯光,时下至潮旋律连接彼此,打造美好社交氛围,在广州五星级酒店里少有能喝酒吸烟的大堂吧里轻嘬一杯由专业调酒师特制的鸡尾酒或香槟,叼着一根雪茄畅谈。FEI-BAR 里已经有国际乐队驻唱助兴,提供无消止的娱乐直至深夜。

(3) 时尚的创新

紫色是广州 W 酒店的主流颜色,不管是行李车还是沙发上的抱枕,抑或是洗手间里的摆饰都能找到带有紫色的元素,紫色的灯光、紫色的羽毛,伴着黄昏后点起的点点烛光,温暖的橙黄色搭配紫色把每个人都照应出温柔而诱惑的容颜。

每天晚上七点到九点广州 W 都会有两名打扮得非常时尚的模特驻守在大门为顾客拉门,九点以后便会到 WOOBAR 为客人提供服务,十点左右就会到 FEIBAR 迎接顾客并提供服务直至 FEIBAR 关门。当一个地方聚集许多言行举止打扮出众的人时,总会吸引千千万万打扮自己的人与之争高下,有人的地方就会产生需求,有需求的地方就会产生消费,有消费的地方就会产生利润。

广州 W 酒店会定期在酒店的大堂举办时尚主题活动,在 29 楼的 WETBAR 以及泳池举办各类派对,邀请各界特立独行者前来参加,为酒店的名气发挥一定的宣传作用。

(4)活力的创新

W 的所有员工都称为英才,曾有一位顾客进到酒店第一句就是"服务员,厕所在哪儿?"然而,没有人理他,也没有人回答他,因为 W 的英才都不认为自己是一个服务员。除了规定的制服以外,他们可以随心所欲地打扮自己,染上色彩鲜艳的头发,秀出个性十足的文身,搭配时尚潮流的首饰,涂各色各样的美甲,把自己最美最自信的一面呈现给客人,W 就像是一个舞台,每位英才都可以在这个令人渴慕的舞台惊艳全场,努力工作中尽情玩乐分享,充满活力。每一位英才身上都会佩戴一枚 W pin,但不是个人名牌,他们要的是向客人介绍自己,给客人留下深刻的印象,让客人记住为他提供过帮忙的不是这个名字,而是这一位英才。确实,大胆地向客人介绍自己不也是自信独特的一种表现吗?

(5)礼宾部的创新

酒店的接送机服务都会派酒店代表前去接送,此时就需要带上客人的名牌等候客人的到来。那么,作为一个特立独行者,无论在哪里都会想成为最突出的那一位,而广州 W 酒店就能让客人在机场或高铁火车站下地的那一刻为客人准备好他闪亮出场的舞台。当一堆人拿着一张 A4 纸打印或者画上客人的名字时,广州 W 酒店的接机代表就直接拿着一台 iPad 播放着打着客人名字的炫彩夺目的 PPT,无须高举牌子,客人也无须到处寻找,远远就能看到。

(6)讲究服务艺术

广州 W 酒店长期入住许多犹太人,每周周五及周六由于宗教信仰都无法触碰带电的用品以及金钱等,此时就需要有礼宾同事帮犹太客人按电梯、开房门,按照客人要求操作房内的设施设备,若遇到特别虔诚的犹太人,连电梯都不肯乘坐,无论是多高的楼层,我们的同事都会带领客人走完楼梯。

只要是不违反法律与道德的,只要客人愿意,酒店可以提供任何服务,并且伴随着惊喜完成。例子:客人乘坐酒店专车前往机场,车辆驶进高速后,客人发现自己的 iPad 遗留在房间内,掉头回酒店拿已来不及,在与礼宾当班主管通话达成费用协议后,由迎宾员直接乘坐出租车前往机场送 iPad,并贴心为客人充满电。

(2019 届郭晓彤,2018 年 12 月)

附件 2-2　学生参加酒店招聘演讲稿

各位下午好,我是来自飞航的何洁萍,刚才展示的是我的征婚消息。其实我认为征婚就是一场自我营销的过程,通过在这个过程表现出自己的性格特点以及能力优势去让自己的目标受众接受我。所以接下来我会简单介绍一下我的进化史,也就是我的经历,进而总结出我的核心竞争力,然后阐述我的理想型,最后重点通过展示我对窝趣品牌传播的分析、了解去凸显我的优势,也希望能够在今天成功把自己"卖"出去。

以下是我的经历部分,在大学三年时间里我在活动策划组织方面拥有较多的经验,包括在社团工作的两年里,我也多次成功举办了很多活动,包括与其他高校以及社会人士合作的活动,以及针对社团在校内宣传的活动。这是我们社团在圣诞节前夕弄的一个情书速递活动,通过让学生把自己的心意写在明信片上,然后我们通过帮他们把明信片送到他们心仪的对象,帮他们传达心意,当时我们收到了 100 多张明信片。

在班级担任组织委员时负责通过组织策划班级活动以及准备同学生日礼物,去提高班级凝聚力。而我在策划活动时主要会考虑到活动的趣味性以及成本,在购买礼物时更注重礼物是不是他们所需要的。

另外,我也拥有较强的信息搜集和分析能力,我会积极参加很多专业型以及创业型的比赛,而我在团队里的主要工作就是负责信息搜集并分析方案可行性,以及根据我们的目标群体去制订个性化的活动。

而在铂涛实习的一年时间里,我认为自己最主要的收获就是学习能力、思考能力、效率等各方面的提高。

总而言之,我认为自己的核心竞争力有以下五点:一方面我的责任感很强,做事情会善始善终负责到底,另一方面我在创新力、洞察力、执行力以及分析能力方面都拥有较强的优势。

根据上述的个人优势以及个人性格来讲,我对窝趣品牌传播部比较感兴趣。通过经历了种种事情之后,我发现自己对活动策划组织以及品牌传播推广是充满热情的,而我在创意思维、洞察力以及执行能力方面拥有较强的优势,窝趣充满个性的品牌调性以及铂涛鼓励学习创新的企业文化是驱动我想要得到这个岗位的主要原因。

通过结合自身的能力以及岗位用人要求,我认为自己在大部分情况下都能够符合窝趣的要求。在日常我会使用微信、微博、Instagram、知乎等网络媒体去了解时事并且分享个人生活,另外我之前在社团班级工作时也有编辑微信推文的经验,以及我的性格以及较强的洞察力能够吸引很多粉丝。而我需要提高的是 P 图方面的能力。所以为了更好地了解窝趣品牌传播,我对它做了一个分析了解。

(2017 届何洁萍,2016 年 8 月)

附件 2-3　读书笔记

《从 0 到 1》读后感

《从 0 到 1》这本书主要是针对商业创业讲的,里面提及了很多方面的观点,但我印象最深的莫过于第 4 章的"竞争意识"和第 5 章的"后发优势"。

第 4 章一开头作者就提出"竞争意味着大家都没有利润",认为竞争是一种扭曲思想的观念,创造性垄断方能生产出既让大众受益,又给创造者带来长期利润的新产品。竞争不会创造价值,它使人分心,过分重视过去和竞争对手,而不是客观的生产率和自己的企业发展,毫无疑问,这在商业世界来说是具有破坏力的,书中也举了很多例子进行说明。这些观点对我来说像是浓雾中向我驶来的火车,那轰隆作响的声音惊醒了我,可我却还看不清楚。

现在的社会竞争随处可见,课堂上教材中对于竞争的出现和存在也习以为常,仿佛它就是这个世界存在的一部分,即便知道它让企业生存变得激烈而残酷,也还是接受了它,逆来顺受,甚至试图通过在这样残酷竞争的环境下取得一席之地来彰显自己的强大。那么,如果彼得・蒂尔(本书作者)对于竞争的观点才是正确的,那是不是就意味着整个社会都处于一种不太正常的运转中呢? 在我看来,竞争就像是一群需要食物的人在抢一块已经做好的蛋糕,大小既定,能提供的热量也既定,人们为了生存开始互相抢夺,虽然有人强壮些,有的人孱弱些,但谁也没办法毫发无伤地得到全部蛋糕。更惨的可能是鹬蚌相争渔翁得利的情况(就像书中提到的微软与谷歌相争,却被苹果压倒的情况),因为太专注于打败对手,反而忽略了自己需要的是蛋糕这件事。另外,即使你不想跟别人打斗,却囿于现状,不得不投入战斗。这里的斗争者便有着相似性——都处于饥饿的状态,一不清醒就陷入了困斗。

那么,这场没有赢家的游戏该如何终结? 在作者看来,最好的办法就是"去找另外一块还没有人盯上的蛋糕",然后通过自己的力量,把它做大,通过解决一个独一无二的问题,先占领一个利基市场,随后再扩大规模,形成自己的垄断优势。这便是第 5 章中提到的如何用清醒的头脑去打造垄断企业。

在看此书之前,我对"垄断"这个词一直没什么好感,觉得它好像代表着暴利和专横,但是现在看来,却更像是一种双赢的状态。创新性垄断则意味着遥遥领先的创新,既为消费者带来了与众不同的新产品,也为企业带来了长期的利润(这也是应得的),其中提到垄断企业具有 4 个特征:专利技术、网络效应、规模经济以及品牌优势。其中品牌优势的内容让我想起了《从优秀到卓越》中的三环理论,两者多少有些相似性。品牌优势中指出,打造一个强势品牌是形成垄断的有力方式,这个"强势品牌"是不是接近核心竞争力的意思? 就像是三环理论中的经济引擎,即便一个强大的公司有这样那样为人称道的闪光点,但是一定要有一个最核心的实力优势,并且不被削弱。而建立垄断企业的方法就是先占领一个小市场,之后逐步扩大规模,进行不断地创新,直到实现预定的目标。

(2017 届袁心宇,2016 年 1 月)